새로운 코바늘뜨기의 기본

코바늘의 기초 지식부터
필수 테크닉까지 기본기 다지기!

새로운 코바늘뜨기의 기본

부티크사 편집부 지음 | 남가영 옮김

시그마북스

새로운 코바늘뜨기의 기본

발행일 2023년 1월 5일 초판 1쇄 발행
지은이 부티크사 편집부
옮긴이 남가영
발행인 강학경
발행처 시그마북스
마케팅 정제용
에디터 최윤정, 최연정
디자인 김문배, 강경희

등록번호 제10-965호
주소 서울특별시 영등포구 양평로 22길 21 선유도코오롱디지털타워 A402호
전자우편 sigmabooks@spress.co.kr
홈페이지 http://www.sigmabooks.co.kr
전화 (02) 2062-5288~9
팩시밀리 (02) 323-4197
ISBN 979-11-6862-097-1 (13630)

Lady Boutique Series No. 8122 SHIN·KAGIBARIAMI NO KIHON
Copyright © 2021 BOUTIQUE-SHA, INC.
All rights reserved.
Original Japanese edition published by BOUTIQUE-SHA, INC.
Korean translation rights © 2023 by Sigma Books
Korean translation rights arranged with BOUTIQUE-SHA, INC. Tokyo
through EntersKorea Co., Ltd. Seoul, Korea

이 책의 한국어판 저작권은 (주)엔터스코리아를 통해 저작권자와 독점 계약한 시그마북스에 있습니다.
저작권법에 의하여 한국 내에서 보호를 받는 저작물이므로 무단전재와 무단복제를 금합니다.

파본은 구매하신 서점에서 교환해드립니다.

* 시그마북스는 (주)시그마프레스의 단행본 브랜드입니다.

실 협찬
ハマナカ株式会社
http://hamanaka.co.jp/
DARUMA (横田株式会社)
http://daruma-ito.co.jp/
パピー (株式会社ダイドーフォワード)
http://www.puppyarn.com/

도구 협찬
クロバー株式会社
https://clover.co.jp

staff
編集／北原さやか 髙橋沙絵 久富素子 西園美加子 寺島綾子
撮影／腰塚良彦 藤田律子
ブックデザイン／牧陽子
トレース／白井麻衣
ヘアメイク／三輪昌子
モデル／sono

차례

제 1 장
준비하기

코바늘과 도구 — 12
- 코바늘의 종류 — 12
- 코바늘의 굵기 — 12
- 편리한 도구 — 13

실에 관해 — 14
- 실타래의 종류 — 14
- 실에 붙어 있는 띠지 읽는 법 — 14
- 실의 굵기 — 15
- 실의 형태 — 15
- 실꼬리를 꺼내는 법 — 16

제 2 장
알아두면 좋은 지식

뜨개 바탕에 관해 — 18
- 각 부분의 명칭 — 18
- 1코·1단이란 — 18
- 뜨개 바탕의 겉과 안 — 19
- 코와 단을 세는 법 — 20

게이지에 관해 — 21
- 게이지 내는 법 — 21

왕복뜨기와 원형뜨기 — 22
- 왕복뜨기 — 22
- 원형뜨기 — 23

자주 사용하는 뜨개 바탕 — 24
- 짧은뜨기 — 24
- 한길긴뜨기 — 24
- 모눈뜨기 — 25
- 그물뜨기 — 25
- 솔잎뜨기 — 25

제도와 뜨개 기호도 — 26
- 제도 보는 법(의류) — 26
- 뜨개 기호도 읽는 법(의류) — 27
- 제도 보는 법(소품) — 28
- 뜨개 기호도 보는 법(소품) — 29

기둥코 사슬에 관해 — 30
- 뜨개코별로 필요한 기둥코 사슬의 콧수 — 30

제 3 장

뜨기

실 잡는 법과 코바늘 쥐는 법 ... 32

시작코와 1단 뜨는 법 ... 33
사슬뜨기 시작코 ... 33
사슬뜨기로 원을 만드는 시작코(체인링) ... 37
실로 원을 만드는 시작코(매직링) ... 38
니트링에서 1단 줍는 법 ... 40
중간에 실이 부족할 때 실 잇는 법 ... 41

2단 이후 뜨개법 ... 42

짧은뜨기 · 한길긴뜨기에서 코 줍기
왕복뜨기 ... 42
원형뜨기 ... 44
코아래에서 줍기 ... 45

긴뜨기 구슬뜨기에서 코 줍기
왕복뜨기 ... 46
원형뜨기 ... 47

코 줄이기 ... 48
1코 줄이기 ... 48
2코 줄이기 ... 48
가장자리에서 여러 코 줄이기 ... 49
목둘레 코 줄이는 법(실 잇기, 실 자르기) ... 50

코 늘리기 ... 51
1코 늘리기 ... 51
2코 늘리기 ... 51
가장자리에서 여러 코 늘리기 ... 52

실 색상 바꾸는 법 ... 54

줄무늬 배색뜨기 실 바꾸는 법
왕복뜨기 ... 54
원형뜨기 ... 58

배색무늬뜨기 실 바꾸는 법
실을 감싸듯 뜨는 방법 ... 60
뜨개 바탕 안면에서 실을 옆으로 걸치는 법 ... 62
뜨개 바탕 안면에서 실을 세로로 걸치는 법 ... 63

단에서 코 줍는 법 ... 67
한길긴뜨기 뜨개 바탕에서 코 줍기 ... 67
짧은뜨기 뜨개 바탕에서 코 줍기 ... 68
모눈뜨기 뜨개 바탕에서 코 줍기 ... 69
그물뜨기 뜨개 바탕에서 코 줍기 ... 70
뜨개 바탕의 빗면에서 코 줍기 ... 71
뜨개 바탕의 커브에서 코 줍기 ... 71
스레드 끈에서 코 줍기 ... 72
브레이드에서 코 줍기 ... 72

제 4장

마무리

마무리와 꼬리실 정리 — 74
- 왕복뜨기 — 74
- 원형뜨기 — 75
- 오므려 마무리 — 77

다림질로 정리하기 — 78

잇기 — 80
- 빼뜨기로 잇기 — 80
- 짧은뜨기로 잇기 — 81
- 감침질로 잇기 — 82
- 사슬뜨기와 빼뜨기로 잇기 — 85
- 사슬뜨기와 짧은뜨기로 잇기 — 85

꿰매기 — 86
- 빼뜨기로 꿰매기 — 86
- 사슬뜨기와 빼뜨기로 꿰매기 — 87
- 사슬뜨기와 짧은뜨기로 꿰매기 — 88
- 감아서 꿰매기 — 90

모티브 잇기 — 92
- 모티브의 마지막 단을 뜨면서 잇는 법 — 92
- 모티브를 완성한 후에 잇는 법 — 97

단춧구멍 내는 법과 단추 다는 법 — 98
- 단춧구멍 — 98
- 단추 다는 법 — 99

끈 뜨기 — 100
- 빼뜨기 끈 — 100
- 스레드 끈 — 100
- 새우뜨기 끈 — 101

그 밖의 테크닉 — 102
- 프린지 다는 법 — 102
- 폼폼 만들기 — 103
- 테슬 만들기 — 104

제 5 장
작품 만들기

꽃모양 모티브 브로치와 머리끈
106

모티브를 이어서 만드는 테이블 매트
108

타원형 소품 바구니
109

구슬뜨기 모자
111

배색무늬뜨기 핸드워머
111

아란무늬 가방
118

일직선으로 쭉쭉 뜨는 품이 넉넉한 베스트
119

파인애플 뜨기 스톨
120

레이스 무늬의 둥근 요크풀
121

제6장

뜨개 기호

기호	이름	페이지
○	사슬뜨기	130
●	빼뜨기	130
	피코뜨기	131
×	짧은뜨기	131
×	짧은뜨기 줄기뜨기	132
×	짧은뜨기 이랑뜨기	133
≈	뒤돌아 짧은뜨기	134
T	긴뜨기	135
⊤	한길긴뜨기	136
⊤	두길긴뜨기	137
⊤	세길긴뜨기	138
✓	짧은뜨기 2코 늘려뜨기	139
✓	짧은뜨기 3코 늘려뜨기	139
V	긴뜨기 2코 늘려뜨기	140
V	긴뜨기 3코 늘려뜨기	140
V	한길긴뜨기 2코 늘려뜨기	141
V	한길긴뜨기 3코 늘려뜨기	141
	한길긴뜨기 5코 늘려뜨기	142
⋏	짧은뜨기 2코 모아뜨기	143
⋏	짧은뜨기 3코 모아뜨기	143
⋏	긴뜨기 2코 모아뜨기	144
⋏	긴뜨기 3코 모아뜨기	144
⋏	한길긴뜨기 2코 모아뜨기	145
⋏	한길긴뜨기 3코 모아뜨기	145
✗	변형 한길긴뜨기 1코 교차뜨기(왼코 위)	146
✗	변형 한길긴뜨기 1코 교차뜨기(오른코 위)	146
	변형 한길긴뜨기 1코와 3코 교차뜨기(왼코 위)	147
	변형 한길긴뜨기 1코와 3코 교차뜨기(오른코 위)	147
✗	한길긴뜨기 1코 교차뜨기	147
◐	긴뜨기 3코 구슬뜨기	148
◐	한길긴뜨기 3코 구슬뜨기	150
8	긴뜨기 3코 변형 구슬뜨기	151
⬢	한길긴뜨기 5코 팝콘뜨기	152
⋈	짧은뜨기 링뜨기	153
⊃	짧은뜨기 앞걸어뜨기	154
⊂	짧은뜨기 뒤걸어뜨기	155
∫	긴뜨기 앞걸어뜨기	156
∫	긴뜨기 뒤걸어뜨기	157
∫	한길긴뜨기 앞걸어뜨기	158
∫	한길긴뜨기 뒤걸어뜨기	159

제 1 장 준비하기

먼저 코바늘 손뜨개를 시작하는 데 필요한 도구와 실을 준비합니다.
이번 장에서는 코바늘의 종류와 그 밖의 도구, 실의 소재와 종류, 취급법 등을 소개합니다.

코바늘과 도구

코바늘 손뜨개를 시작할 때 필요한 뜨개바늘과, 가지고 있으면 편리한 도구를 소개합니다.
각각의 용도를 익힌 후에 필요할 때 갖추면 좋겠지요.

● 코바늘의 종류

코바늘은 바늘 끄트머리가 갈고리처럼 구부러져 있습니다.
가벼운 금속, 대나무, 플라스틱 같은 다양한 재질의 제품이 있으므로 쓰기 편한 것을 고르면 됩니다.

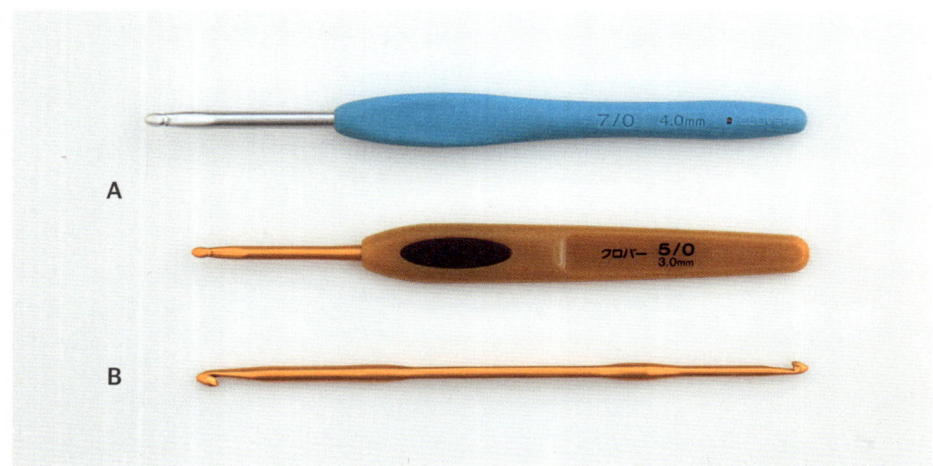

A. 한쪽 코바늘
바늘의 한쪽만 갈고리 모양입니다. 이 책에서 소개하는 바늘은 손잡이가 있는 제품입니다.

B. 양쪽 코바늘
바늘 양쪽이 갈고리 모양입니다. 양쪽 바늘의 호수가 달라서 바늘 한 자루로 2가지 호수를 사용할 수 있습니다.

● 코바늘의 굵기

코바늘의 굵기는 2/0호에서 10/0호, 7mm에서 20mm까지 있는데 호수의 숫자가 클수록 바늘이 굵습니다. 뜨개실의 굵기와 형태에 맞추어서 사용하는 코바늘의 굵기를 정합니다.

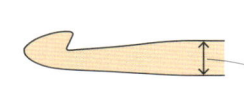

바늘 굵기
숫자는 코바늘 몸통 둥근 부분의 굵기를 나타냅니다.

※ 그림은 12mm까지 실물 크기.

호수	바늘 굵기
2/0	2.0mm
3/0	2.3mm
4/0	2.5mm
5/0	3.0mm
6/0	3.5mm
7/0	4.0mm

호수	바늘 굵기
7.5/0	4.5mm
8/0	5.0mm
9/0	5.5mm
10/0	6.0mm
점보 7mm	7.0mm
점보 8mm	8.0mm

호수	바늘 굵기
점보 10mm	10.0mm
점보 12mm	12.0mm
점보 15mm	15.0mm
점보 20mm	20.0mm

● 편리한 도구

도구 제공 크로바 주식회사

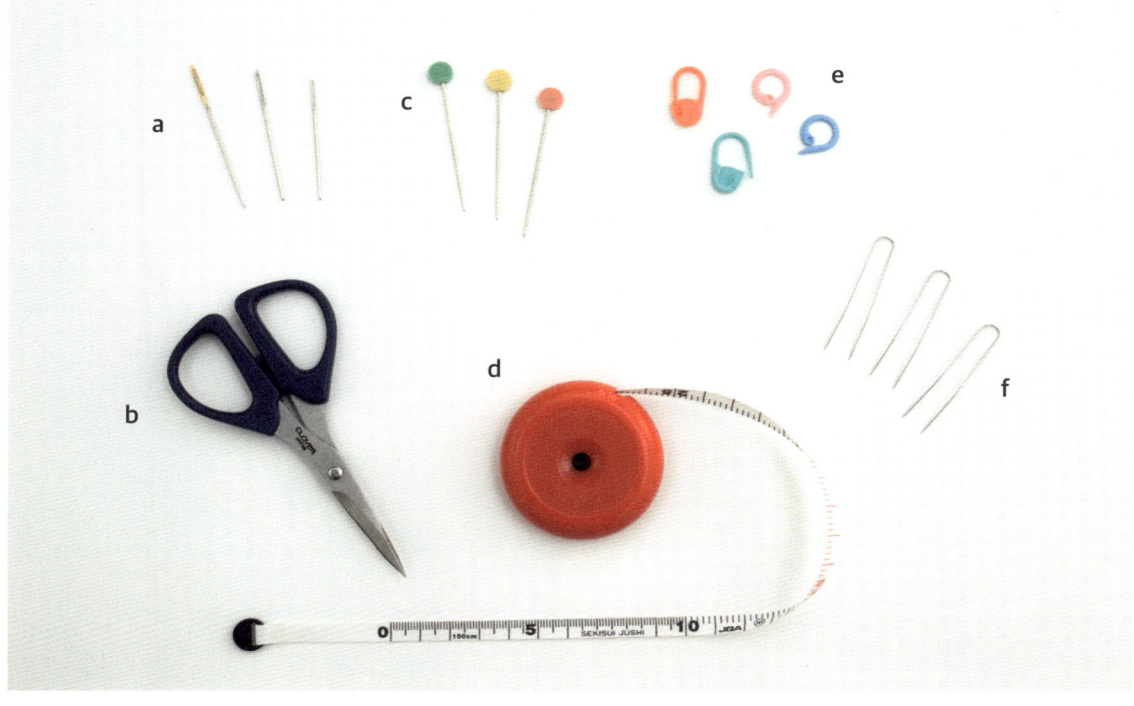

a. 돗바늘
털실용 바늘로 끝이 뭉뚝하고 바늘귀도 큽니다. 꿰매기, 뜨개 바탕 잇기, 실정리에 사용합니다.

b. 가위
뜨개실 등을 자를 때 사용합니다.

c. 손뜨개용 시침핀
길고 바늘 끝이 뭉뚝한 손뜨개 전용 시침핀입니다. 뜨개 바탕끼리 연결할 때 사용합니다.

d. 줄자
뜨개 바탕의 길이를 재거나 게이지를 낼 때 사용합니다.

e. 단수 표시링
뜨개코에 걸어서 단수를 셀 때 표시로 사용합니다.

f. 포크 핀
뜨개 바탕을 다리미판에 고정할 때 사용합니다.
다림질하기 쉽도록 바늘 끝이 구부러져 있는 것이 특징입니다.

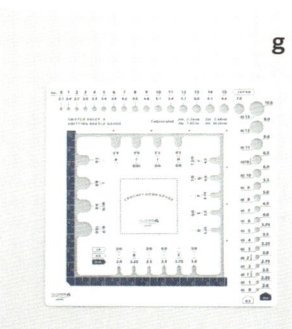
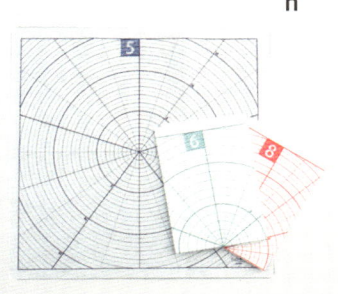

g. 뜨개 게이지 자, 뜨개바늘 게이지 자
게이지 낼 때 콧수와 단수를 한 번에 셀 수 있으며 코바늘 몸통의 둥근 부분을 넣어서 바늘 호수를 재는 편리한 도구입니다.

h. 레이스 가이드 시트
원형뜨기한 뜨개 바탕을 다림질할 때 가이드로 사용할 수 있는 시트입니다.

실에 관해

손뜨개 실로 사용하는 실은 소재와 형태, 굵기가 다양합니다.
같은 뜨개법으로 뜨더라도 사용하는 실에 따라 다른 느낌의 작품이 완성됩니다.

● 실타래의 종류

실은 다양한 모양으로 감아서 팝니다. 대표적인 모양을 소개하겠습니다.

A. 원통 모양 볼실
가장 일반적인 형태입니다.
안쪽에서 실꼬리를 뽑아서 사용합니다.

B. 도넛 모양 볼실
부드러운 실에 많은 형태입니다.
띠지를 벗긴 후에 사용합니다.

● 실에 붙어 있는 띠지 읽는 법

실에 붙어 있는 띠지에는 여러 정보가 담겨 있습니다. 읽는 법을 알아두면 실을 고를 때 참고할 수 있겠지요. 또 보관해놓으면 재구매할 때 편리합니다.

실을 어떤 소재로 만들었는지 나타냅니다. 소재에 따라 여름 실과 겨울 실로 나뉩니다.

이 실에 가장 적합한 바늘 호수입니다.

한 볼의 무게와 실의 길이입니다.

추천 바늘로 떴을 때 가로·세로 10cm 크기에 들어가는 표준 콧수와 단수입니다. 보통 대바늘 뜨개는 메리야스 뜨기, 코바늘 뜨개는 한길긴뜨기의 게이지를 표기합니다.

색상 번호와 로트 번호입니다.
※ 로트 번호란 실을 염색할 때 사용한 가마의 번호입니다. 색상 번호가 같더라도 로트 번호가 다르면 색감이 미세하게 다를 수 있습니다. 구매할 때 잘 살펴보시기 바랍니다.

빨래와 다림질을 할 때 주의점입니다.

마, 면 소재는 주로 여름 실로 사용합니다.

울, 알파카, 앙고라 같은 털실은 주로 겨울 실로 사용합니다.

중성세제 사용
물 온도 40℃ 이하에서 손빨래한다(중성세제 사용)

염소계 산소계 표백제 사용 금지

텀블건조기 사용 금지

그늘에서 뉘어 말림

다리미천 사용
다리미 온도를 150℃ 이하로 설정해 다림질한다(다리미천 사용)

퍼클로로에틸렌 석유계 용제로 드라이클리닝 한다

● 실의 굵기

실이 가늘수록 뜨개코가 촘촘하고 뜨개 바탕이 얇으며, 실이 굵을수록 뜨개코가 성기고 뜨개 바탕이 두껍습니다.

※ 여기에서 소개하는 실은 대략적인 실의 굵기이므로 실제로 이렇게 표기를 해서 판매하는 실은 많지 않습니다.
또, 제조사에 따라서도 미세하게 다를 수 있습니다. 실을 고를 때에는 실에 붙어 있는 띠지에 쓰여 있는 추천 사용 바늘의 굵기를 참고하면 좋습니다.

중세사 (2/0~3/0호 바늘)

합태사 (3/0~4/0호 바늘)

병태사 (5/0~7/0호 바늘)

극태사 (8/0~10/0호 바늘)

초극태사 (점보 7~15㎜ 바늘)

※ 사진은 실물 크기에 가깝습니다.

● 실의 형태

꼬임법과 소재가 다양하며 실의 형태에 따라서도 뜨개 바탕의 질감이 달라집니다.

스트레이트 얀(straight yarn)
꼬임법과 굵기가 일정해서 뜨개코가 일정하고 깔끔해 보입니다. 굵기와 색깔이 풍성하고 작은 무늬뜨기나 배색뜨기에도 적당합니다.

모헤어 얀(mohair yarn)
실 표면에 털이 길고, 포근한 느낌이 드는 뜨개 바탕이 만들어집니다.

슬러브 얀(slub yarn)
실의 굵기가 군데군데 다릅니다. 뜨개코의 크기가 제각각이기 때문에 뜨개 바탕에서 다양한 변화를 볼 수 있습니다.

루프 얀(loop yarn)
실 표면에 불규칙한 루프가 있는 실로, 뜨개 바탕의 질감이 다채롭게 나타납니다.

퍼 얀(fur yarn)
실 표면에 긴 털이 있어서 뜨개 바탕에서 모피 느낌이 나기도 합니다.

● 실꼬리를 꺼내는 법

뜨개를 시작할 때, 바깥에 있는 실꼬리부터 사용하면 실을 당길 때마다 실타래가 데굴데굴 굴러다녀서 뜨기 불편합니다. 그래서 안에서 실꼬리를 꺼내서 사용하는 것이 일반적입니다.

원통형 실타래

1 실타래 안으로 손가락을 넣습니다.

2 실타래 안에 있는 실꼬리를 잡아서 밖으로 꺼냅니다. 실꼬리를 찾지 못했다면 사진처럼 실뭉치를 밖으로 꺼냅니다.

3 꺼낸 실뭉치에서 실꼬리를 찾아서 거기부터 사용하기 시작합니다.

도넛 모양 실타래

1 먼저 띠지를 벗깁니다.

2 실타래 안으로 손가락을 넣습니다.

3 실꼬리를 잡아서 밖으로 꺼냅니다

제 2 장 알아두면 좋은 지식

이번 장에서는 뜨기 전에 알아두면 좋은 지식을 정리했습니다.

뜨개 책에서 자주 사용하는 용어와 도안, 뜨개 기호 읽는 법들을 알기 쉽게 설명합니다.

실제로 뜨개를 시작하기 전에 꼭 읽어보시기 바랍니다.

제2장 뜨개 바탕에 관해

뜨개 바탕에 관해

기본적인 뜨개 바탕을 가지고 각 부분의 이름과 뜨개코에 관해 자세히 소개합니다.

● 각 부분의 명칭

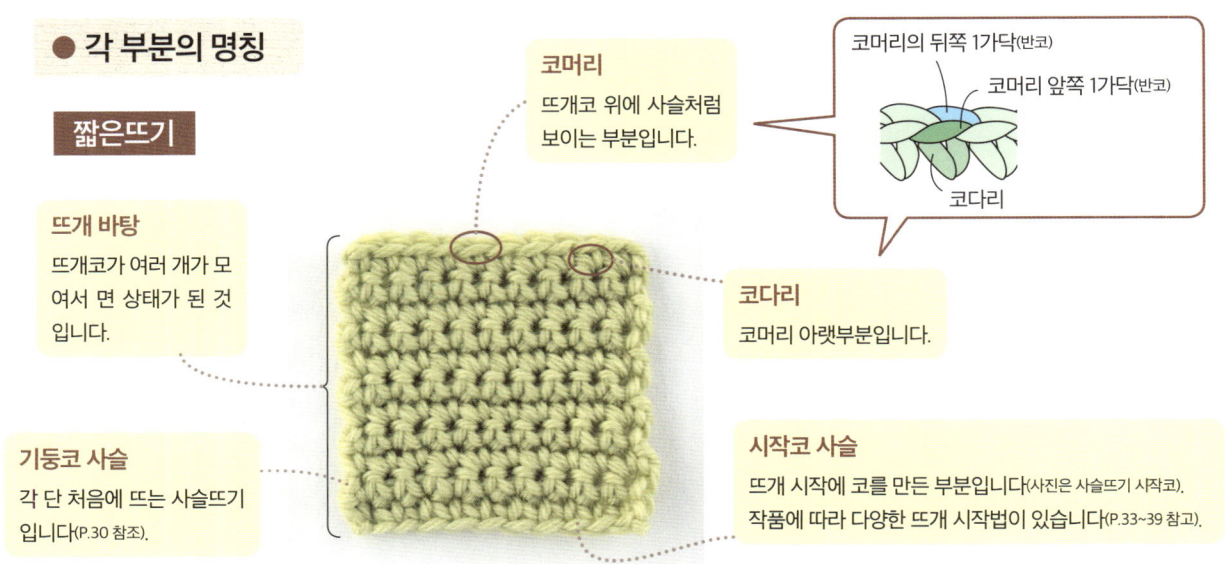

짧은뜨기

- **뜨개 바탕**: 뜨개코가 여러 개가 모여서 면 상태가 된 것입니다.
- **기둥코 사슬**: 각 단 처음에 뜨는 사슬뜨기입니다 (P.30 참조).
- **코머리**: 뜨개코 위에 사슬처럼 보이는 부분입니다.
- **코다리**: 코머리 아랫부분입니다.
- **시작코 사슬**: 뜨개 시작에 코를 만든 부분입니다 (사진은 사슬뜨기 시작코). 작품에 따라 다양한 뜨개 시작법이 있습니다 (P.33~39 참고).

코머리의 뒤쪽 1가닥(반코)
코머리 앞쪽 1가닥(반코)
코다리

한길긴뜨기

- 뜨개 바탕
- 기둥코 사슬
- 코머리
- 코다리
- 시작코 사슬

코머리의 뒤쪽 1가닥(반코)
코머리 앞쪽 1가닥(반코)
코다리

● 1코 · 1단이란

콧수 · 단수를 정확하게 세기 위해 뜨개코 1코 · 1단의 모양을 기억해두면 좋습니다.

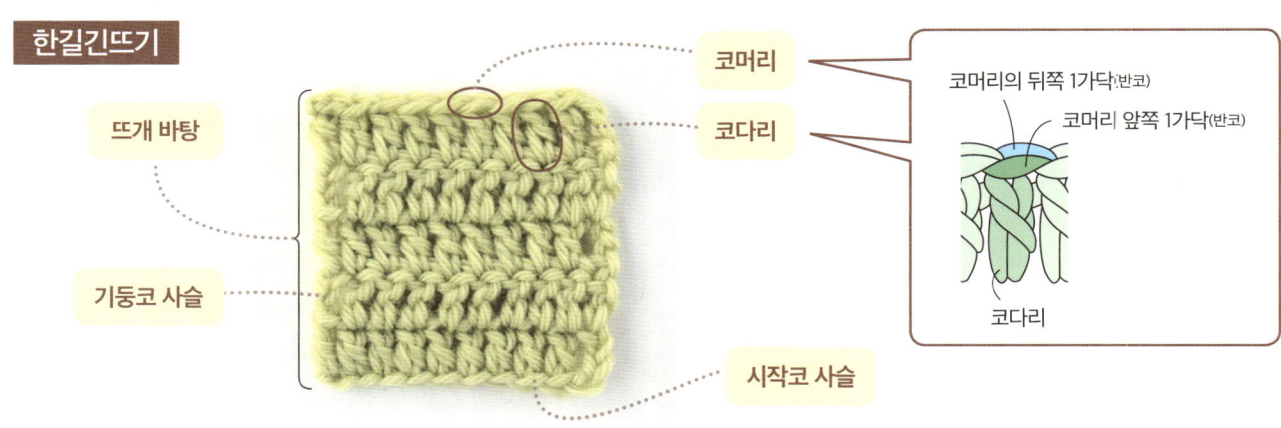

왕복뜨기

짧은뜨기 — ←안면 1코 1단 / ←겉면 1코 1단

한길긴뜨기 — ←안면 1코 1단 / ←겉면 1코 1단

원형뜨기

짧은뜨기 — ←1코 1단

한길긴뜨기 — ←1코 1단

● 뜨개 바탕의 겉과 안

뜨개 기호는 겉면에서 본 상태를 나타내므로, 코바늘뜨기의 기호를 뜨는 법은 겉과 안이 같습니다. ※팝콘뜨기와 걸어뜨기만 겉면과 안면의 뜨는 법이 달라집니다(P.152, P.154~160 참고). 그래서 겉과 안을 1단씩 번갈아 보면서 뜨는 왕복뜨기는, 늘 겉면을 보면서 뜨는 원형뜨기와 뜨개 바탕 보는 법이 다릅니다.

왕복뜨기

왕복뜨기는 겉과 안을 번갈아 보면서 떠서 1단마다 뜨개코의 겉과 안이 차례로 나옵니다.

짧은뜨기

한길긴뜨기

원형뜨기

원형뜨기는 늘 겉면을 보면서 뜨기 때문에 뜨개코의 겉면(혹은 안면)이 계속 이어집니다.

짧은뜨기

겉면   안면

모든 단이 겉   모든 단이 안

한길긴뜨기

겉면   안면

모든 단이 겉   모든 단이 안

앞단에서 코를 줍는 법

주울 코, 꿰매기나 잇기의 표시로 '코머리 2가닥(모든 코) 줍기', '코머리 뒤쪽 1가닥(반코) 줍기' 등이 있는 경우 각각 화살표처럼 바늘을 넣어서 줍습니다.

코머리 2가닥 줍기

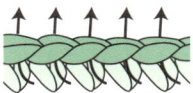

코머리 2가닥을 주워서 짧은뜨기한 모습

겉면   안면

코머리 뒤쪽 반코(뒤반코) 1가닥 줍기

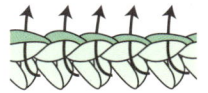

코머리의 뒤쪽 1가닥을 주워서 짧은뜨기한 모습

겉면   안면

코머리 앞쪽 1가닥이 줄기처럼 드러납니다.

코머리 앞쪽 반코(앞반코) 1가닥 줍기

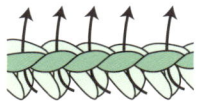

코머리의 앞쪽 1가닥을 주워서 짧은뜨기한 모습

겉면   안면

코머리 뒤쪽 1가닥이 안쪽에 줄기처럼 드러납니다.

제2장 뜨개 바탕에 관해

● 코와 단을 세는 법

※ 알아보기 쉽도록 1단마다 색실을 바꾸었습니다.

왕복뜨기

짧은뜨기

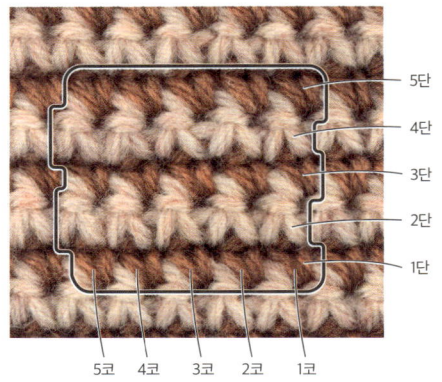

한길긴뜨기

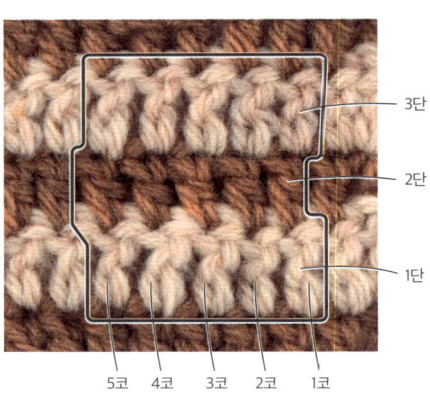

원형뜨기

짧은뜨기

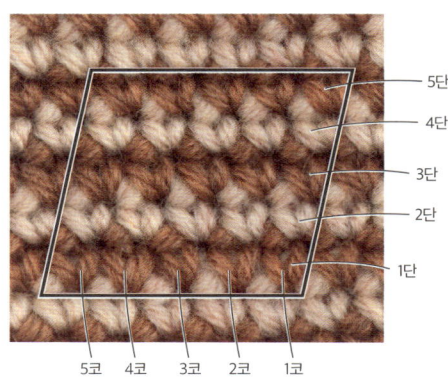

한길긴뜨기

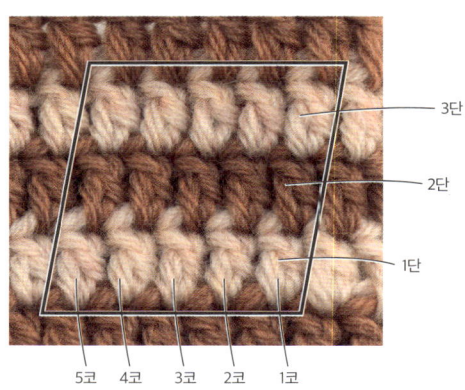

게이지에서 콧수 · 단수 계산하는 법

크기에 따른 콧수 · 단수는 게이지가 얼마인지 측정해 놓으면 간단한 계산식으로 계산할 수 있습니다.

예를 들면

가로 × 세로 10cm의 게이지가 15코 20단인 경우 가로 × 세로 25cm의 콧수 · 단수를 계산해보겠습니다.

【 콧수 】
15코에 10cm → 1.5코에 1cm
25cm × 1.5코 = 37.5 → **38코**

【 단수 】
20단에 10cm → 2단에 1cm
25cm × 2단 = 50 → **50단**

게이지
(가로 × 세로 10cm)
15코 20단

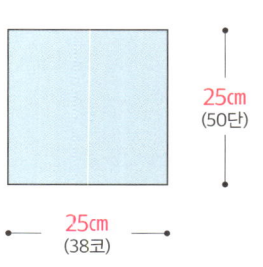

25cm
(50단)

25cm
(38코)

게이지에 관해

게이지란 뜨개 바탕의 밀도를 가리키는데, 가로 × 세로 10㎝ 크기 안에 들어 있는 콧수와 단수를 나타냅니다.
게이지는 뜨는 사람의 힘 조절에 따라 바뀌므로 지정된 실과 뜨개바늘을 사용해도 크기가 같기 힘듭니다.
지정된 크기대로 완성하고 싶다면 반드시 먼저 샘플 뜨기를 해서 게이지를 재고 바늘의 굵기를 조절해 게이지를 내보시기 바랍니다.

● 게이지 내는 법

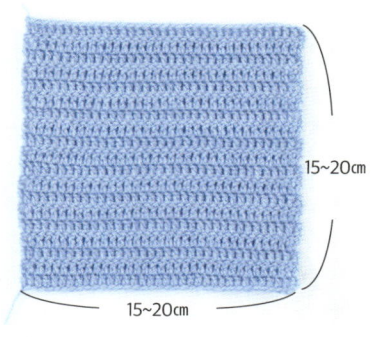

1 뜨개 작품과 같은 뜨개법으로 가로 × 세로 15~20㎝ 크기를 샘플로 떠서 다리미로 스팀을 쐬어 줍니다.

POINT

뜨개 바탕의 가장자리 부근은 뜨개코의 크기가 일정하지 않으므로, 조금 크게(가로 × 세로 15~20㎝) 뜹니다. 뜨개 바탕은 가로로 길게 뜨면 가로로 늘어지고 세로로 길게 뜨면 세로로 늘어나는 특성이 있어, 게이지를 내는 뜨개 바탕은 가능하면 정사각형에 가깝게 뜨는 것이 중요합니다.

스팀다리미로 다림질해 코를 정돈하고 뜨개 바탕 중심의 뜨개코가 깔끔하게 정렬된 부분을 측정하는데, 자세히 들여다보면 게이지가 일정하지 않습니다. 반드시 2~3곳을 측정해서 평균을 내시기 바랍니다.

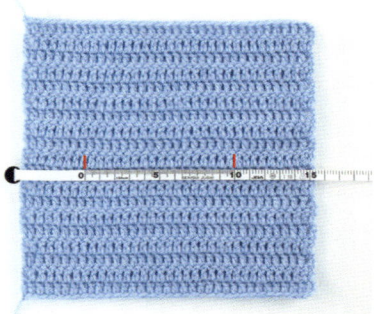

2 평평한 곳에 뜨개 바탕을 놓고 중앙에서 10㎝ 안에 들어가는 콧수와 단수를 셉니다.

게이지 전용 자를 사용하면 편리합니다.

지정 게이지와 맞지 않을 때

뜨개바늘의 호수를 조절해, 가능하면 지정된 게이지에 가까워지도록 합니다.

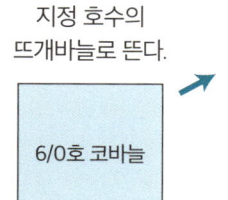

지정 호수의 뜨개바늘로 뜬다.
6/0호 코바늘

→ 게이지가 **느슨한 경우**
(지정 게이지보다 콧수·단수가 적다)
4/0~5/0호 코바늘
코바늘을 1~2호 **가는 것**으로 다시 뜹니다.

→ 게이지가 **빡빡한 경우**
(지정 게이지보다 콧수·단수가 많다)
7/0~8/0호 코바늘
코바늘을 1~2호 **굵은 것**으로 다시 뜹니다.

※ 게이지는 처음 몇 단으로는 정확하게 측정할 수 없습니다. 뜨개 바탕의 특성상 2~3단 뜬 시점에서는 옆으로 늘어나서 폭이 넓어지므로 반드시 15㎝ 이상 뜬 후에 단수를 세야 합니다.

※ 초보자는 게이지에 맞게 뜨더라도 중간에 실 장력이 바뀌기도 하므로 그때그때 게이지를 측정하면서 떠나가면 좋습니다.

왕복뜨기와 원형뜨기

뜨개 바탕의 겉면과 안면을 1단씩 번갈아 보면서 뜨는 것을 '왕복뜨기',
뜨개 바탕의 한 면만 보면서 뜨는 것을 '원형뜨기'라고 합니다.

● **왕복뜨기**

뜨개 바탕을 1단씩 뒤집어가며 겉면과 안면을 번갈아 보면서 뜹니다.
뜨개 도안에 뜨는 방향을 나타내는 화살표가 단마다 서로 반대 방향을 가리킵니다.

뜨개 도안

뜨개 방향을 나타내는 화살표입니다.
왕복뜨기는 단마다 서로 반대 방향을 가리킵니다.

(← = 뜨개 바탕 겉면을 보면서 뜨는 단
→ = 뜨개 바탕 안면을 보면서 뜨는 단)

기호를 뜨는 순서

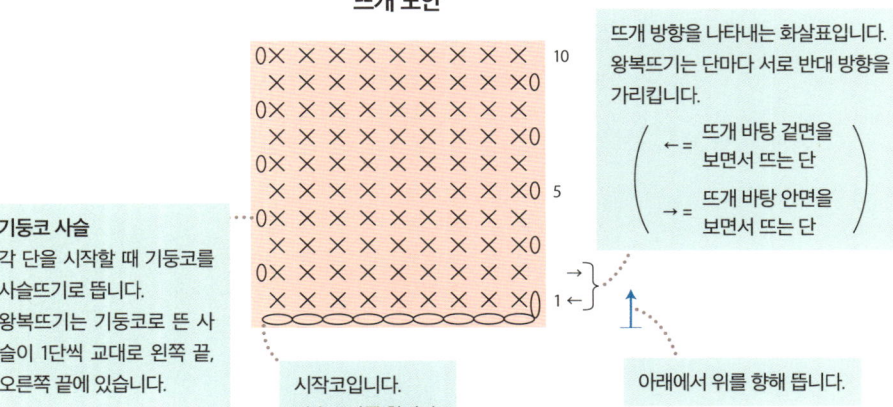

기둥코 사슬
각 단을 시작할 때 기둥코를 사슬뜨기로 뜹니다.
왕복뜨기는 기둥코로 뜬 사슬이 1단씩 교대로 왼쪽 끝, 오른쪽 끝에 있습니다.

시작코입니다.
사슬뜨기를 합니다.

아래에서 위를 향해 뜹니다.

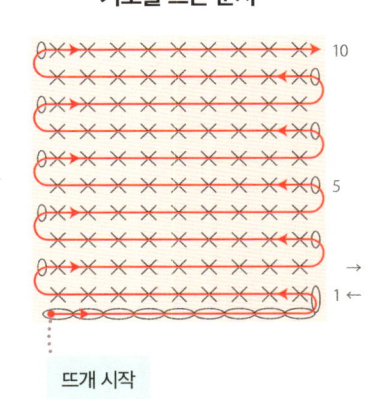

뜨개 시작

● 원형뜨기

보통 뜨개 바탕의 겉면을 보면서 각 단을 같은 방향으로 뜹니다.

> 디자인에 따라서 원형뜨기에서 왕복뜨기할 때도 있습니다.

중심에서 원으로 뜨는 경우

기둥코 사슬과 단 마지막에 빼뜨기
각 단 마지막은 그 단의 첫 코와 빼뜨기로 연결한 뒤에, 계속해서 다음 단의 기둥코를 사슬뜨기로 뜹니다.

뜨개 도안

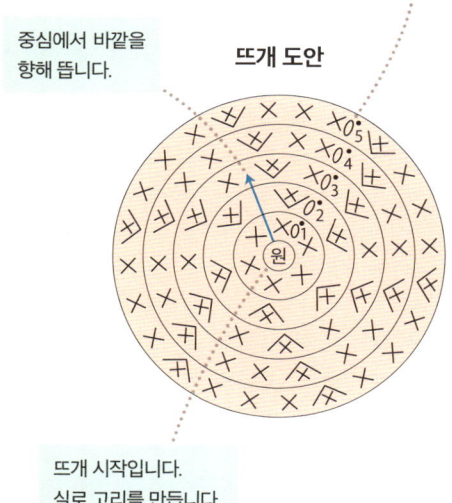

중심에서 바깥을 향해 뜹니다.

뜨개 시작입니다. 실로 고리를 만듭니다.

기호를 뜨는 순서

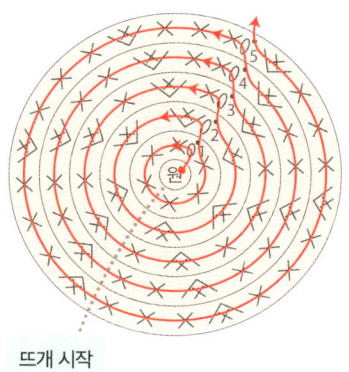

뜨개 시작

원통형으로 뜨는 방법

기둥코 사슬과 단 마지막에 빼뜨기
각 단 마지막은 그 단 첫 코와 빼뜨기로 연결한 뒤에, 계속해서 다음 단의 기둥코를 사슬뜨기로 뜹니다.

뜨개 도안

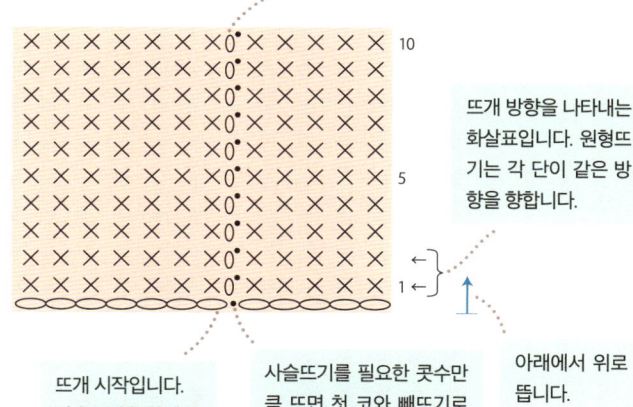

뜨개 방향을 나타내는 화살표입니다. 원형뜨기는 각 단이 같은 방향을 향합니다.

뜨개 시작입니다. 사슬뜨기를 합니다.

사슬뜨기를 필요한 콧수만큼 뜨면 첫 코와 빼뜨기로 연결해 원을 만듭니다.

아래에서 위로 뜹니다.

기호를 뜨는 순서

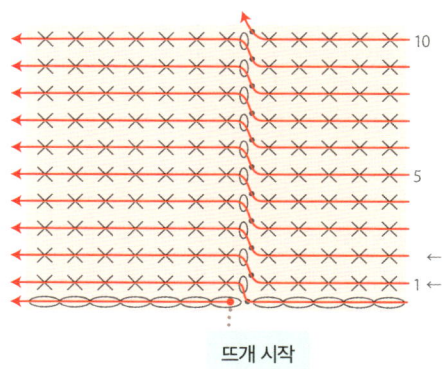

뜨개 시작

자주 사용하는 뜨개 바탕

코바늘뜨기에서 자주 사용하는 기본 뜨개 바탕을 소개합니다.

● 짧은뜨기

짧은뜨기를 계속해서 뜨면 코가 촘촘해, 두툼하고 톡톡한 뜨개 바탕이 만들어집니다.
왕복뜨기와 원형뜨기는 전혀 느낌이 다릅니다.

왕복뜨기

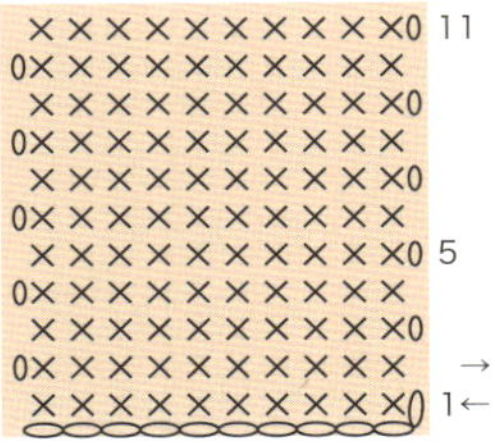

원형뜨기

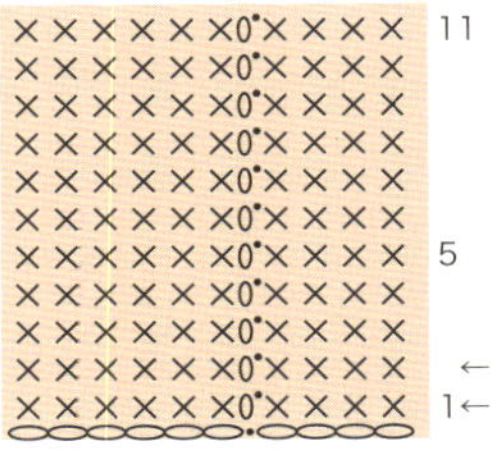

> 보통 앞을 보면서 둥글게 뜨다 보면 기둥코가 오른쪽 위로 어긋나 있습니다.
> 뜨는 사람의 힘 조절에 따라 어긋나는 정도도 달라집니다.

● 한길긴뜨기

한길긴뜨기는 높이가 있어서 빨리 뜰 수 있습니다. 짧은뜨기에 비해 얇고 부드러운 뜨개 바탕이 만들어집니다.
짧은뜨기와 마찬가지로 왕복뜨기와 원형뜨기는 전혀 느낌이 다릅니다.

왕복뜨기

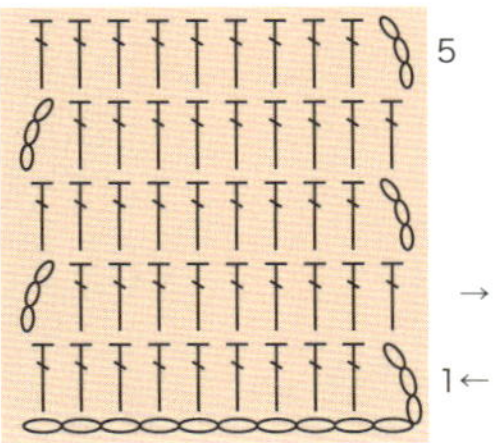

원형뜨기

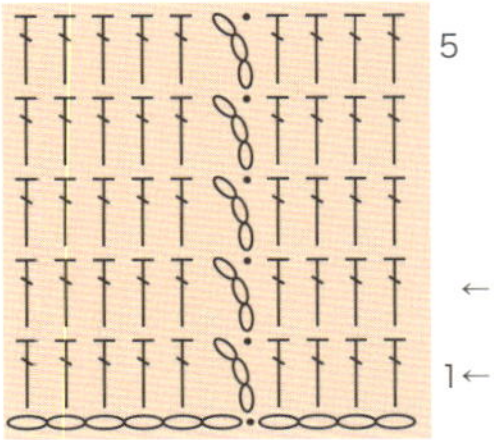

● **모눈뜨기** 사슬뜨기와 한길긴뜨기로 만드는 격자무늬를 '모눈뜨기'라고 합니다. 사슬뜨기의 콧수를 바꾸거나 1칸마다 사슬뜨기 대신 한길긴뜨기를 해서 다양한 느낌이 나는 무늬를 즐길 수 있습니다.

뜨개 도안

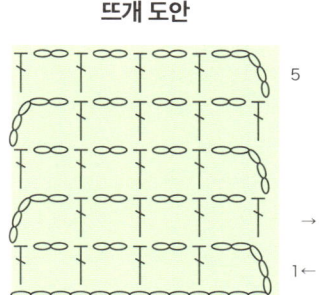

● **그물뜨기** 그물코 같은 무늬를 '그물뜨기'라고 하는데, 사슬뜨기와 짧은뜨기를 반복해 손쉽게 뜰 수 있습니다. 여러 방향으로 자유자재로 늘어나기 때문에 변형이 쉽습니다.

뜨개 도안

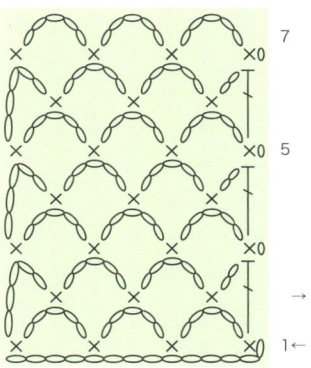

● **솔잎뜨기** 뜨개코를 한 곳에 여러 코 뜨면 생기는 무늬가 솔잎 모양과 닮아서 '솔잎뜨기'라고 합니다.

뜨개 도안

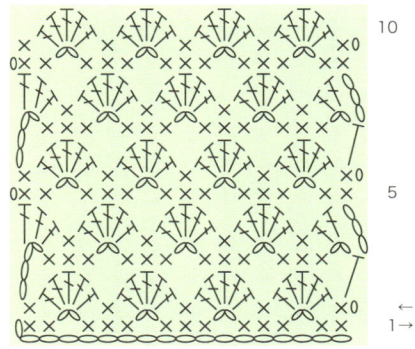

제도와 뜨개 기호도

뜨개 도안은 일반적으로 '제도' 또는 '뜨개 기호도', 2종류의 그림으로 나타냅니다.
제도는 사이즈와 그에 따른 콧수·단수를 숫자로 표기한 그림입니다.
뜨개 기호도는 뜨개 바탕을 뜨개 기호로 표시한 그림으로 보통 앞에서 본 상태를 나타냅니다.

● 제도 보는 법(의류)

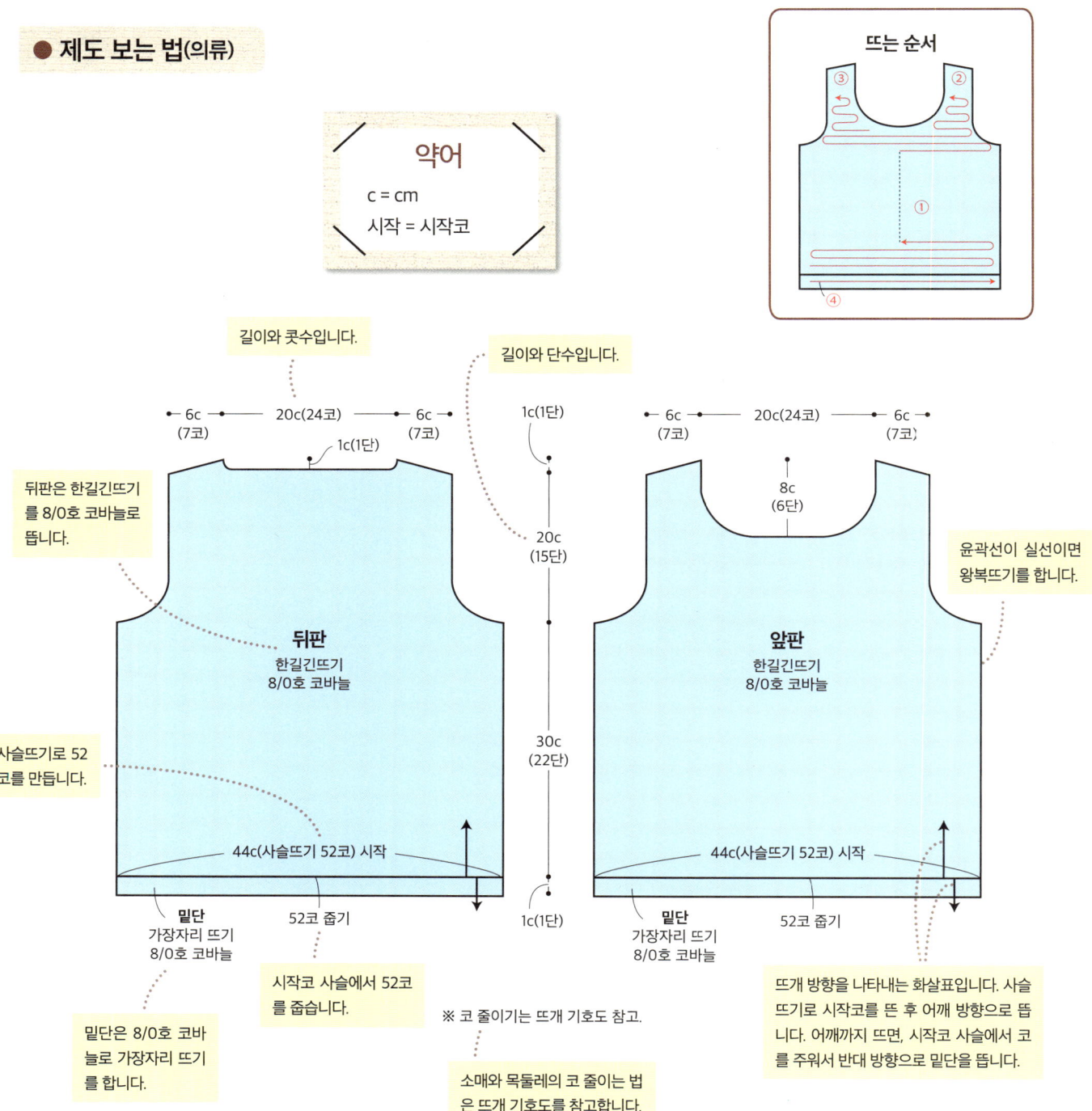

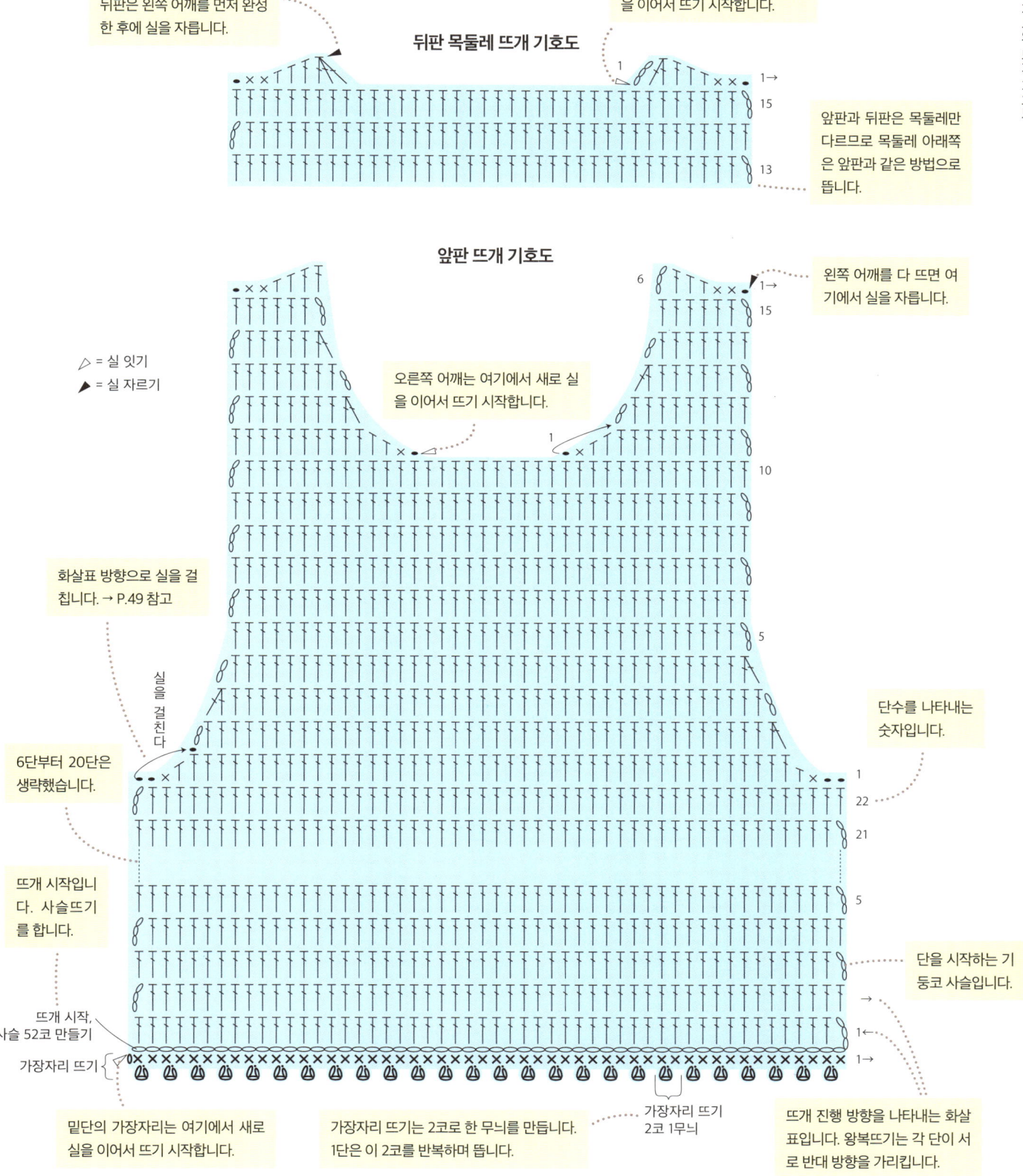

● 제도 보는 법 (소품)

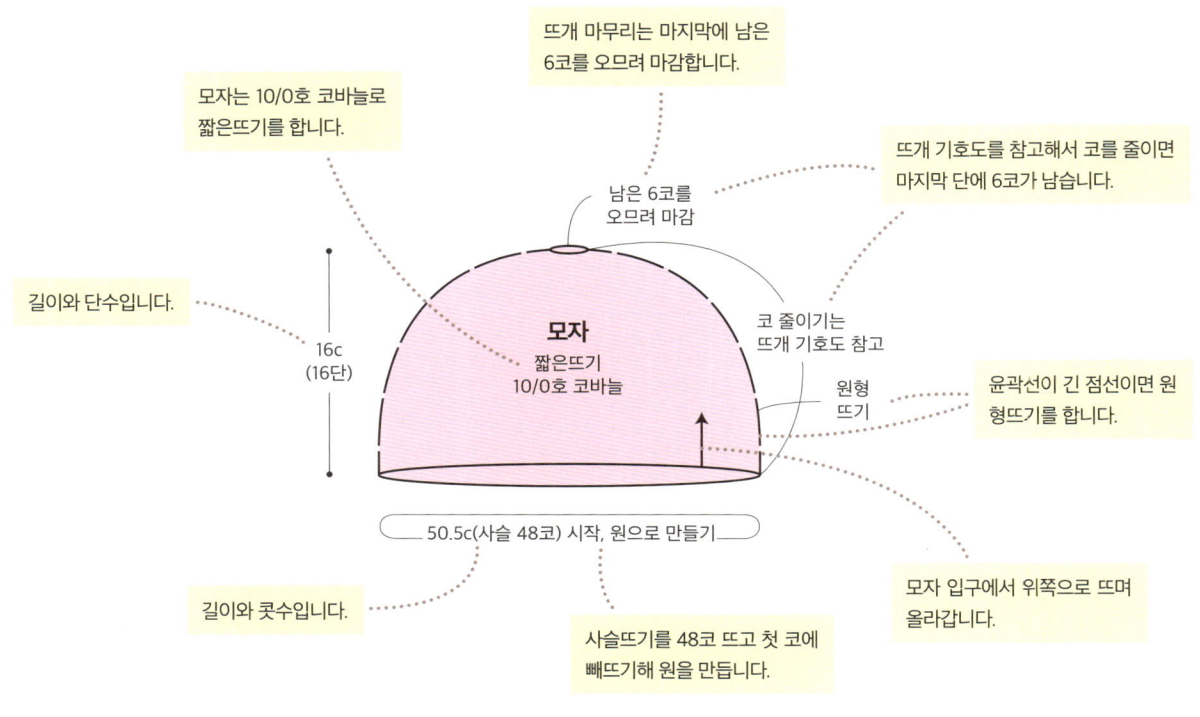

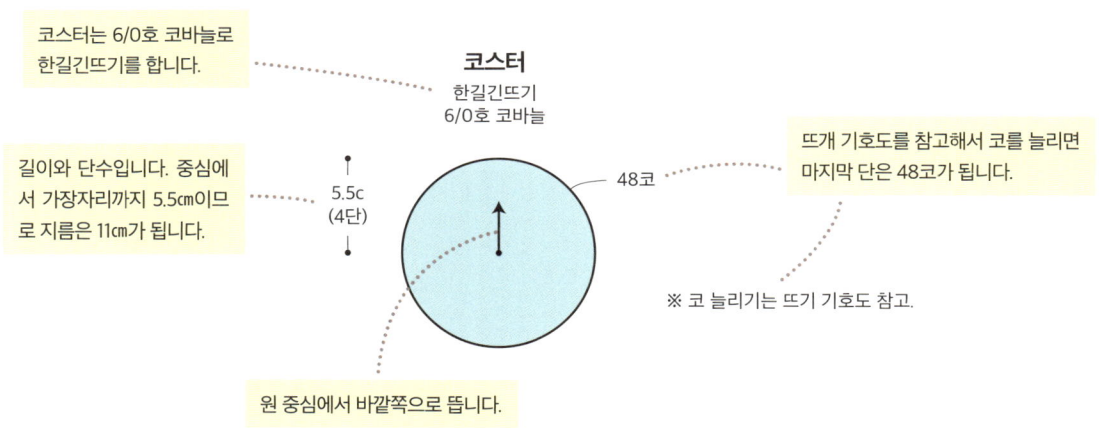

POINT

책이나 교재에 따라 세세한 표기법이 다르기도 하지만 쓰여 있는 내용은 거의 같습니다. 기본을 잘 기억해두면 다양한 책의 그림을 보고 이해할 수 있습니다.

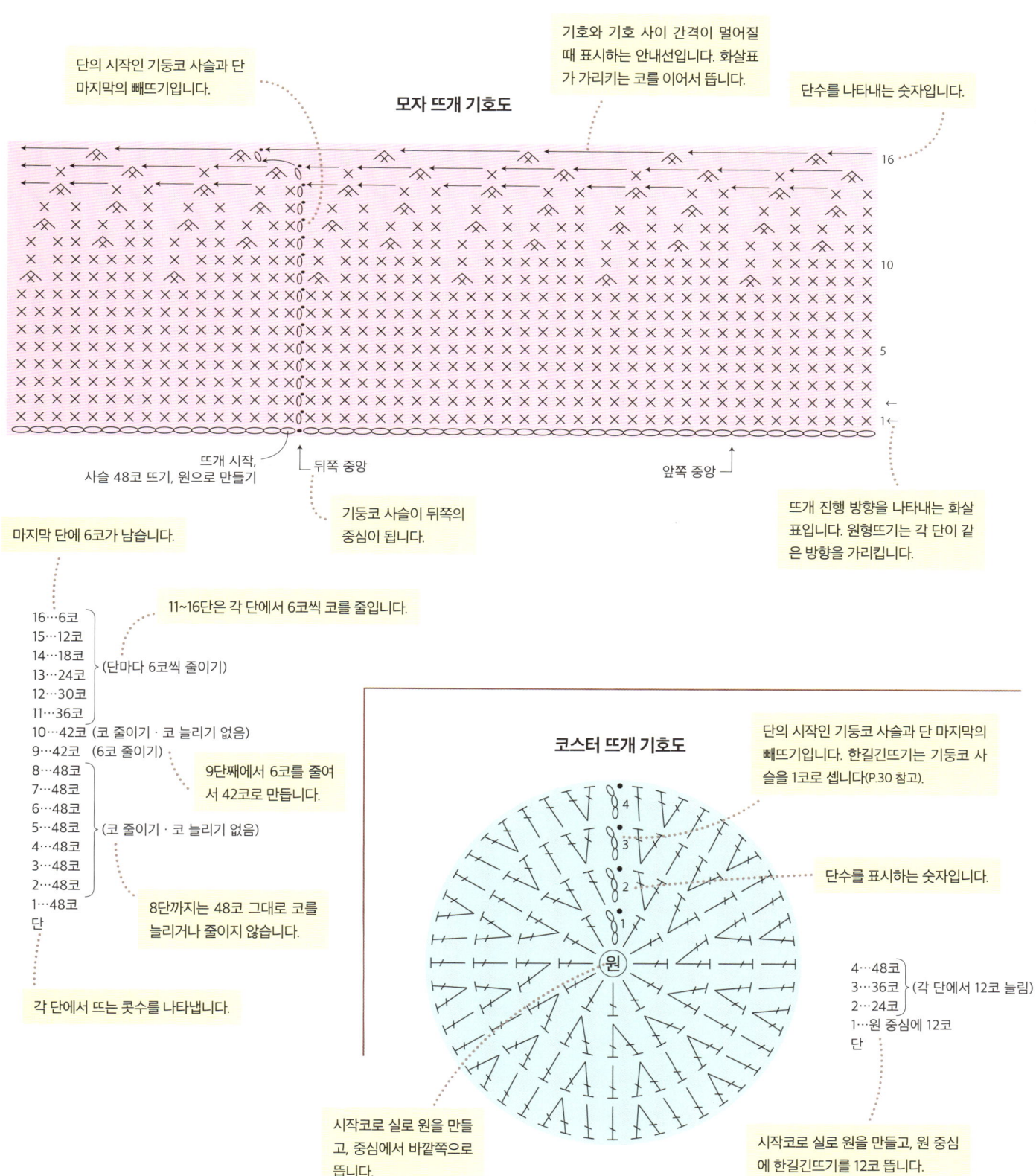

기둥코 사슬에 관해

단을 시작할 때 그 단의 뜨개코 높이와 같은 길이로 뜨는 사슬뜨기 코를 '기둥코 사슬'이라고 합니다.
뜨개코에 맞는 기둥코 사슬의 콧수를 알아봅시다.

토대코란
짧은뜨기를 제외한 다른 뜨개법은 기둥코 사슬도 1코로 칩니다. 시작코 사슬 1코에 1코씩을 뜨기 때문에, 기둥코 사슬도 1코의 시작코가 필요합니다. 이렇게 추가하는 1코를 '토대코'라고 합니다.

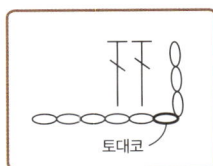

● 뜨개코별로 필요한 기둥코 사슬의 콧수

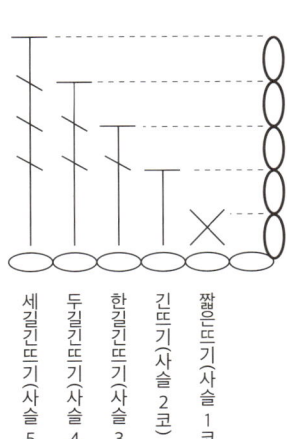

세길긴뜨기(사슬 5코) / 두길긴뜨기(사슬 4코) / 한길긴뜨기(사슬 3코) / 긴뜨기(사슬 2코) / 짧은뜨기(사슬 1코)

짧은뜨기

1코
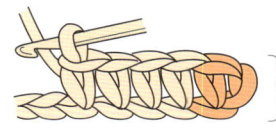
기둥코 사슬 1코

긴뜨기
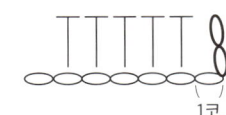
1코
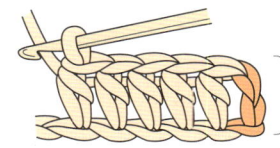
기둥코 사슬 2코

한길긴뜨기
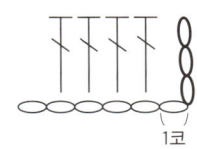
1코
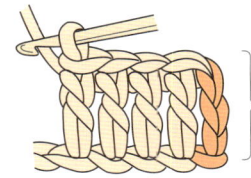
기둥코 사슬 3코

두길긴뜨기
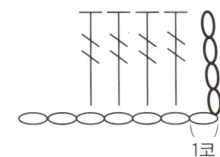
1코
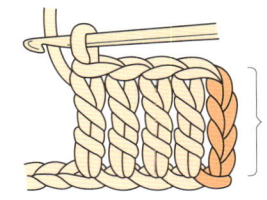
기둥코 사슬 4코

POINT

기둥코 사슬은 기본적으로는 단의 제일 처음에 뜨는 코로, 1코로 칩니다. 단, 짧은뜨기는 기둥코 사슬을 1코로 세지 않으므로 토대코에도 짧은뜨기를 해야 합니다.

뜨개 바탕의 모양과 무늬에 따라 일부러 기둥코 사슬의 콧수를 바꾸기도 합니다.

제 3 장 뜨기

준비가 갖추어졌으니 이제 뜨기 시작해보겠습니다!
이번 장에서는 코바늘과 실을 잡는 법, 뜨개 시작코를 만드는 법, 코 줄이는 법, 코 늘리는 법 등 실제로 작품을 뜨는 데 필요한 테크닉을 소개합니다.

실 잡는 법과 코바늘 쥐는 법

왼손에 실을 잡고, 오른손에 코바늘을 쥐고서 뜨개를 시작합니다.

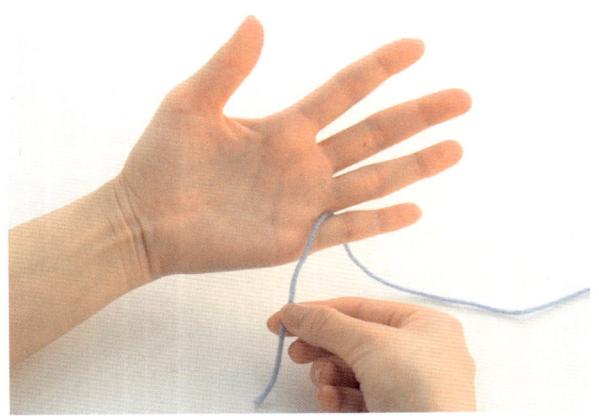

1 실을 왼손에 겁니다. 오른손으로 실꼬리를 잡고, 왼손 손등에서 새끼손가락과 약손가락 사이에 끼웁니다.

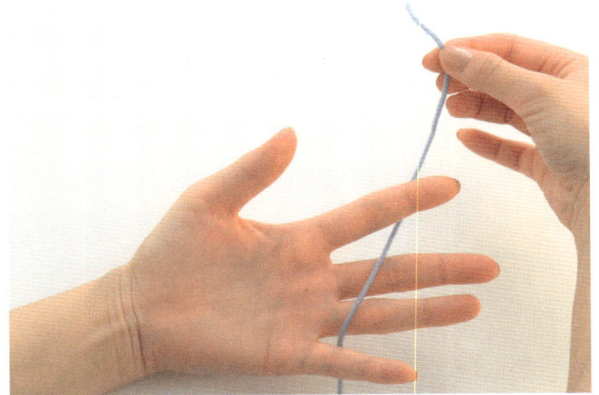

2 가운뎃손가락과 집게손가락 사이를 지나서 손등 쪽으로 실을 뺍니다.

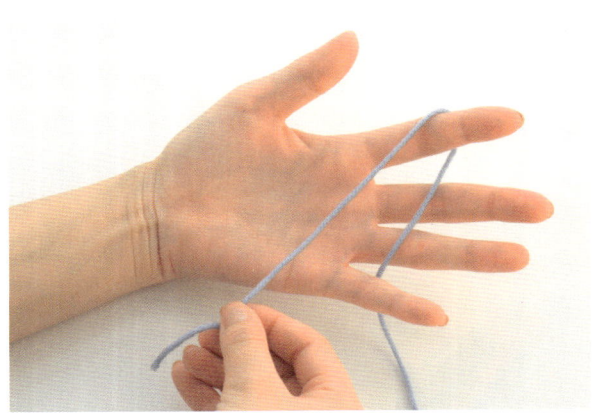

3 집게손가락에 실을 걸어 실꼬리를 손바닥쪽으로 당깁니다.

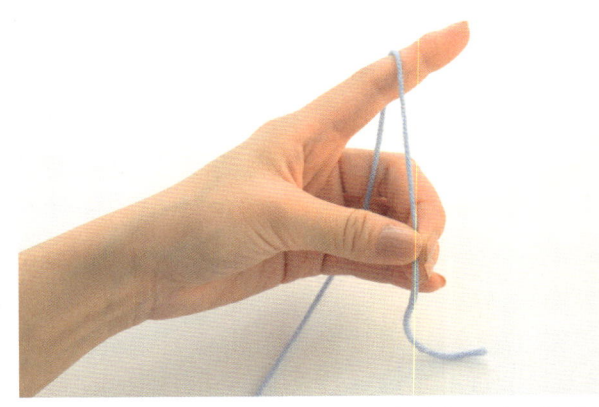

4 집게손가락을 편 채로 엄지손가락과 가운뎃손가락으로 실꼬리를 잡습니다.

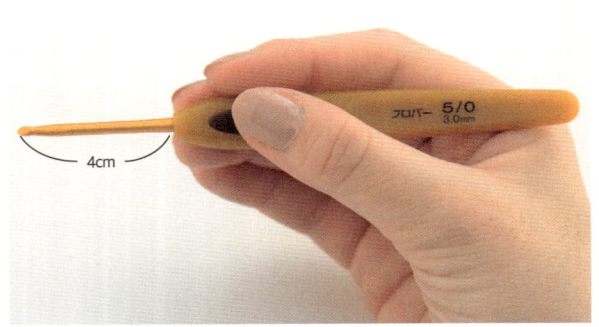

5 오른손에 바늘을 쥡니다. 엄지손가락과 집게손가락으로 바늘 끝에서 4㎝ 정도 떨어진 곳을 쥐고 가운뎃손가락을 코바늘 위쪽에 가볍게 댑니다. 바늘에 걸린 실이 미끄러질 때는 얹어놓은 가운뎃손가락으로 눌러줍니다.

6 왼손으로 뜨개 바탕을 잡고, 왼손 엄지손가락과 집게손가락 사이에 걸친 실을 코바늘에 대고 오른손으로 뜹니다. 실이 부드럽게 당겨질 수 있도록 뜨는 실을 왼손으로 꽉 쥐지 않게 주의합니다.

시작코와 1단 뜨는 법

'시작코'로 뜨개를 시작합니다.
시작코는 주로 '사슬뜨기 시작코', '사슬뜨기로 원을 만드는 시작코(체인링)', '실로 원을 만드는 시작코(매직링)'가 있습니다.

● 사슬뜨기 시작코

코바늘뜨기의 기본 시작코입니다. 사슬코가 너무 빡빡해지지 않도록 주의하시기 바랍니다.

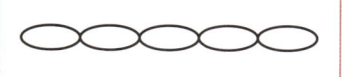

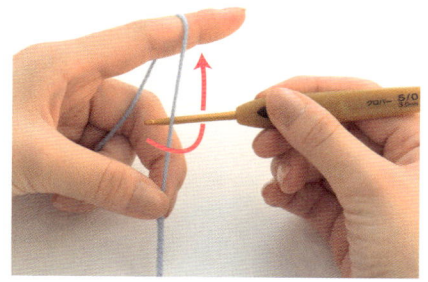

1 실 뒤쪽에 바늘을 대고 화살표 방향으로 바늘 끝을 돌려 고리를 만듭니다.

2 바늘에 실이 감기면서 고리가 생겼습니다.

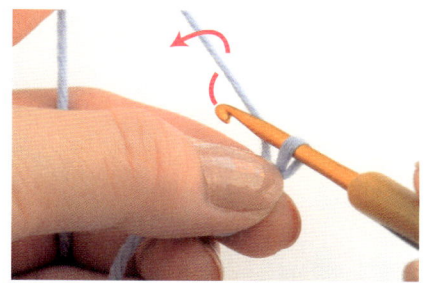

3 고리에서 실이 교차하는 곳을 왼손 엄지손가락과 가운뎃손가락으로 잡고, 바늘을 움직여 화살표처럼 실을 감습니다.

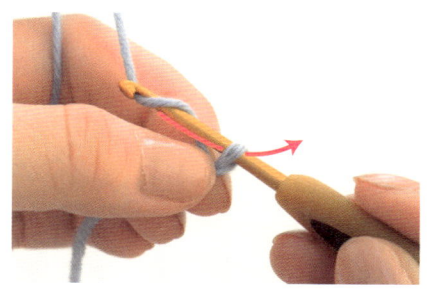

4 바늘에 걸린 실을 화살표 방향으로 빼냅니다.

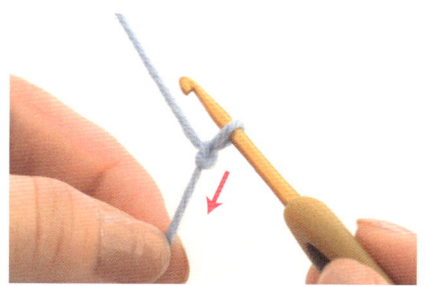

5 실꼬리를 화살표 방향으로 당겨서 뜨개 시작의 고리를 조입니다.

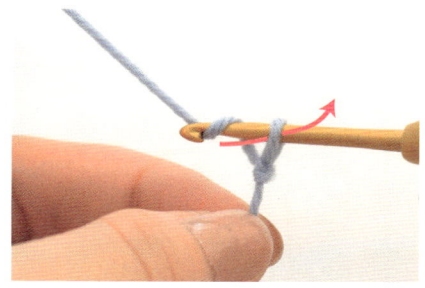

6 바늘에 실을 걸어 화살표 방향으로 빼냅니다.

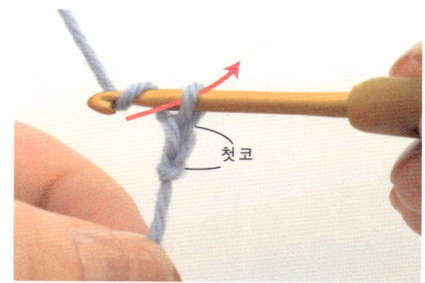

7 첫 코가 완성되었습니다. 계속해서 바늘에 실을 걸고 화살표 방향으로 빼내서 2번째 코를 뜹니다.

8 사슬뜨기 5코가 완성된 모습입니다. 같은 방법으로 필요한 콧수만큼 사슬뜨기를 합니다. 바늘에 걸려 있는 고리는 1코로 세지 않습니다.

제3장 시작코와 1단 뜨는 법

1단 뜨는 법

왕복뜨기

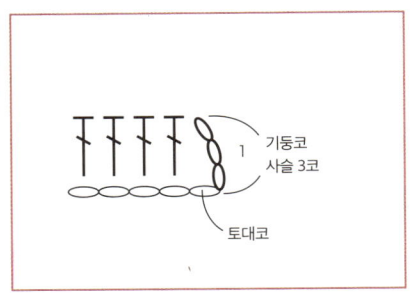

1 사슬뜨기 시작코에 이어서 기둥코 사슬을 3코 뜹니다. 바늘에 실을 걸어서 화살표처럼 바늘을 넣고 한길긴뜨기를 1코 뜹니다.

2 같은 방법을 반복하며 시작코 사슬에 한길긴뜨기를 계속 뜹니다.

사슬뜨기 시작코에서 코를 줍는 위치

사슬뜨기 시작코에서 코를 주워서 첫 단을 뜨는 방법에는 세 가지가 있습니다.
줍는 방법에 따라 완성된 작품의 모습이 달라지므로 각각의 특징을 살려 코를 주우면 좋겠지요.

사슬뜨기의 뒤반코와 뒤쪽 실(코산)을 함께 줍는 법

2가닥의 실을 같이 주우므로 시작코 부분이 두툼하고 안정감이 있습니다. 사슬 1코에 2코 이상을 뜨거나 시작코를 건너뛰면서 줍는 뜨개 바탕에 적합합니다.

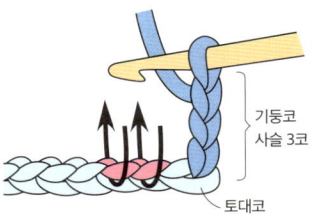

사슬뜨기 뒤반코의 실 1가닥만 줍는 법

줍는 실을 알아보기 쉽고 시작코 부분이 얇게 완성됩니다. 신축성이 필요한 뜨개 바탕에 적합합니다.

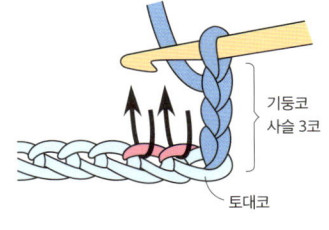

사슬뜨기의 뒤쪽 실(코산)을 줍는 법

시작코 사슬뜨기의 모양이 그대로 드러나서 가장자리가 깔끔하게 정리됩니다. 나중에 가장자리 뜨기를 하지 않는 작품에 알맞습니다.

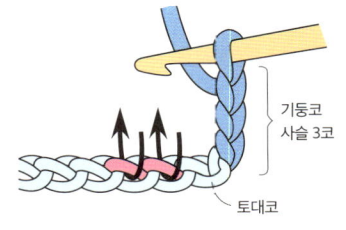

원형뜨기 (원통으로 뜨기)

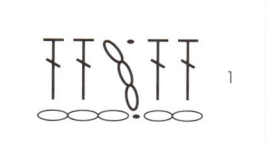

※시작코 사슬을 원으로 만들어 놓습니다.

시작코 사슬을 필요한 콧수만큼 뜹니다. 뜨개 바탕이 꼬이지 않도록 주의하며 첫 코 사슬의 뒤반코와 코산에 바늘을 넣고 실을 걸어 빼냅니다.

뜨개 시작이 원이 되었습니다.

제 3 장 — 시작코와 1단 뜨는 법

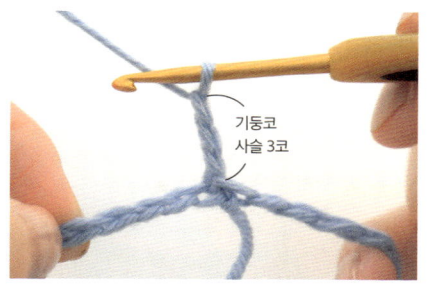

1 기둥코 사슬을 3코 뜹니다.

2 바늘에 실을 걸어서 화살표처럼 바늘을 넣고 한길긴뜨기를 1코 뜹니다(사슬뜨기의 뒤반코와 코산을 함께 줍는 법).

3 한길긴뜨기를 1코 떴습니다. 같은 방법으로 바늘에 실을 걸고 시작코 사슬에서 코를 주워서 한길긴뜨기를 합니다.

4 1바퀴를 돌아서 마지막 한길긴뜨기를 했습니다. 기둥코 사슬 3번째 코에 화살표처럼 바늘을 넣습니다.

5 바늘에 실을 걸어서 한 번에 빼냅니다.

6 1단이 완성되었습니다.

제3장

시작코와 1단 뜨는 법

원형뜨기 (타원형으로 뜨기)

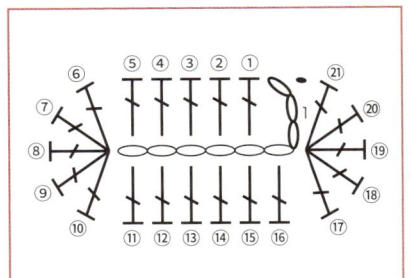

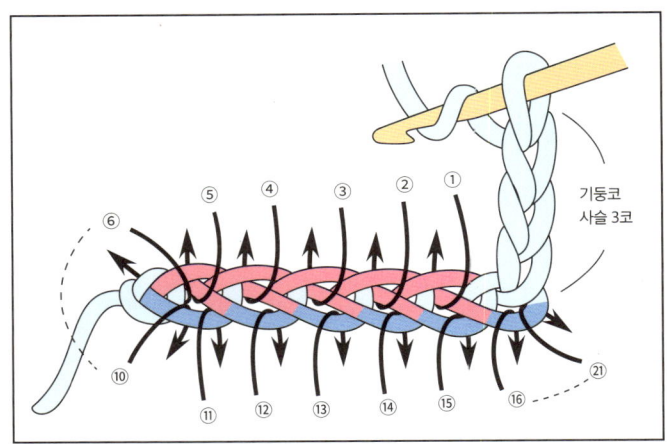

1 시작코 사슬을 필요한 콧수만큼 뜬 후, 기둥코 사슬을 3코 뜹니다. 바늘에 실을 걸어서 시작코에 한길긴뜨기(①~⑤)를 이어서 합니다(사슬 뒤반코와 코산을 함께 줍는 법).

2 시작코 끝까지 한길긴뜨기를 했습니다. 같은 코에 계속해서 한길긴뜨기를 5코 떠서(⑥~⑩) 옆쪽을 반달 모양으로 만듭니다. 뜨기를 이어가다 보면 뜨개 바탕의 위아래가 서로 뒤바뀝니다.

3 시작코의 나머지 1가닥을 주워서 반대쪽에도 한길긴뜨기를 합니다(⑪~⑯). 이때 뜨개 시작 꼬리실도 함께 감싸서 뜨면 실 정리가 편해집니다.

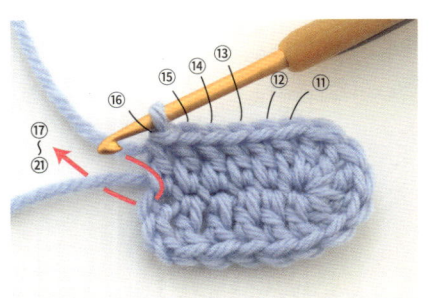

4 시작코의 끝까지 한길긴뜨기를 했습니다. 같은 코에 한길긴뜨기를 5코를 더 해서(⑰~㉑), 반대쪽과 똑같이 반원을 만듭니다.

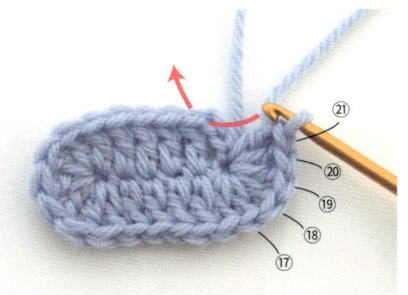

5 ㉑까지 뜨면 기둥코 사슬 3번째 코에 바늘을 넣어서 빼뜨기를 합니다.

6 1단이 완성되었습니다. 뜨개 시작 꼬리실은 뜨개 바탕 가까이에서 자릅니다.

● 사슬뜨기로 원을 만드는 시작코(체인링)

1 사슬뜨기를 6코 떠서 첫 코 사슬의 뒤반코와 코산에 바늘을 넣습니다.

2 바늘에 실을 걸어서 한 번에 빼냅니다.

1단 뜨는 법

3 시작코가 원이 되었습니다.

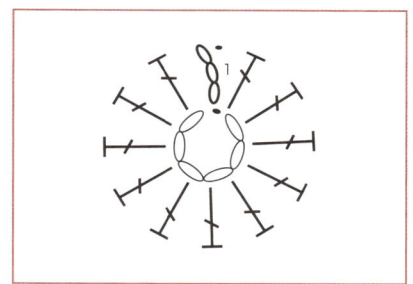

기둥코 사슬 3코

1 기둥코 사슬을 3코 뜹니다. 바늘에 실을 걸고 시작코의 원 안에 바늘을 넣어서 한길긴뜨기를 합니다. 이때 뜨개 시작 꼬리실도 함께 감싸며 뜨면 실 정리가 편합니다.

2 한길긴뜨기를 1코 떴습니다. 바늘에 실을 걸고 같은 방법으로 바늘을 넣어서 한길긴뜨기를 10코 더 뜹니다.

3 한길긴뜨기를 필요한 콧수만큼 떴습니다. 기둥코 사슬 3번째 코에 바늘을 넣은 다음 실을 걸어서 빼뜨기를 합니다.

4 1단이 완성되었습니다. 뜨개 시작 꼬리실은 뜨개 바탕 가까이에서 자릅니다.

● 실로 원을 만드는 시작코(매직링)

제3장 시작코와 1단 뜨는 법

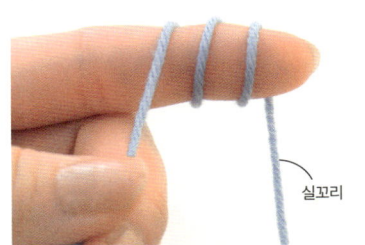

1 실꼬리를 10㎝쯤 남기고 왼손 집게손가락에 실을 2바퀴 감습니다.

2 손가락에서 빼낸 실의 고리를 잡고 화살표처럼 바늘을 넣습니다.

3 바늘에 실을 걸어서 화살표 방향으로 빼냅니다.

4 다시 바늘에 실을 걸어서 화살표 방향으로 빼냅니다.

5 실로 원을 만드는 시작코가 완성되었습니다.

1단 뜨는 법

1 기둥코 사슬을 1코 뜬 다음 화살표처럼 원 안으로 바늘을 넣습니다.

2 바늘에 실을 걸어서 화살표 방향으로 빼냅니다.

> 단수링
> 짧은뜨기 첫 코에 단수링을 해 놓으면 콧수를 헤아릴 때 알기 쉽습니다.

3 다시 바늘에 실을 걸어서 화살표 방향으로 빼내 짧은뜨기를 합니다.

4 짧은뜨기를 1코 떴습니다. 같은 방법으로 원 안에 짧은뜨기를 5코 더 뜹니다.

5 짧은뜨기를 필요한 콧수만큼 뜹니다.

6 꼬리실을 살살 잡아당기면 원의 2가닥 실 중 1가닥이 조금 오그라듭니다(★). 오그라든 쪽 실을 잡아당겨 다른 한쪽의 원을 조입니다.

오그라든 쪽 원(★)

7 원 하나가 모두 조여졌습니다. 꼬리실을 잡아당겨서 나머지 원도 조입니다.

8 가운데 구멍이 막혔습니다.

9 화살표처럼 짧은뜨기 첫 코의 코머리 2가닥에 바늘을 넣고 실을 걸어서 빼뜨기를 합니다.

10 1단이 완성되었습니다.

● 니트링에서 1단 줍는 법

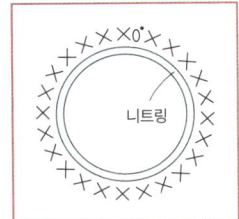

시작코를 만들지 않고 니트링이나 머리끈처럼 원 모양인 물건에 직접 1단을 뜨는 방법입니다.

1 왼손에 실을 걸고, 꼬리실과 니트링을 함께 잡습니다. 코바늘을 화살표처럼 니트링의 안으로 넣습니다.

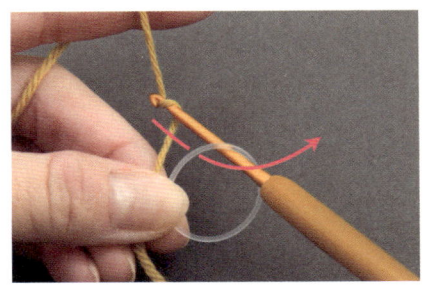

2 바늘에 실을 걸어서 코바늘을 화살표 방향으로 빼냅니다.

3 다시 바늘에 실을 걸어서 화살표 방향으로 뺴냅니다.

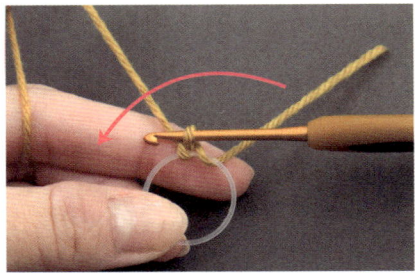

4 꼬리실을 왼손에서 일단 놓은 후에 화살표처럼 뜨개실 위를 지나 왼쪽으로 넘겨서 니트링과 나란히 놓고 왼손으로 다시 잡습니다.

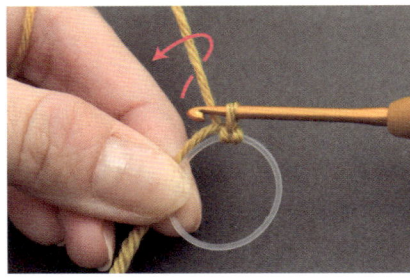

5 바늘에 실을 걸어서 기둥코 사슬 1코를 뜹니다.

6 니트링 안으로 화살표처럼 바늘을 넣은 다음 니트링과 꼬리실을 감싸듯 짧은뜨기를 합니다.

7 짧은뜨기를 1코 떴습니다. 같은 방법을 반복하며 짧은뜨기를 합니다.

8 짧은뜨기를 필요한 콧수만큼 뜨면서 1바퀴를 돌았습니다. 화살표처럼 짧은뜨기 첫 코의 코머리 2가닥을 줍듯이 바늘을 넣고 실을 걸어 빼뜨기를 합니다.

9 첫 단이 완성되었습니다.

중간에 실이 부족할 때 실 잇는 법

뜨개 바탕 중간에서 실을 바꾸는 법
(뜨개 바탕 겉면에서 바꾸는 경우)

뜨개코를 완성할 때 지금까지 뜨던 실을 바늘의 앞에서 뒤로 걸고 바늘에 새 실을 걸어서 빼냅니다. 계속해서 새 실로 뜹니다.

(뜨개 바탕 안면에서 바꾸는 경우)

뜨개코를 완성할 때 지금까지 뜨던 실을 바늘의 뒤에서 앞으로 걸고 바늘에 새 실을 걸어 빼냅니다. 계속해서 새 실로 뜹니다.

뜨개 바탕 끝(단이 바뀌는 곳)에서 실 바꾸는 법

(뜨개 바탕 겉면에서 바꾸는 경우)

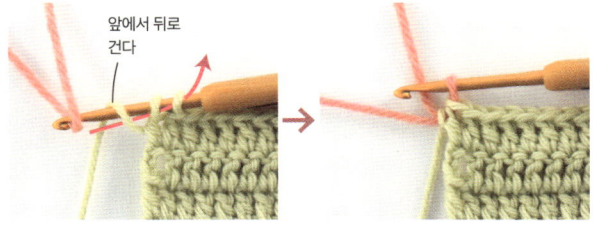

단의 마지막 코를 완성할 때 지금까지 뜨던 실을 바늘의 앞에서 뒤로 걸고 바늘에 새 실을 걸어서 빼냅니다.

(뜨개 바탕 안면에서 바꾸는 경우)

단의 마지막 코를 완성할 때 지금까지 뜨던 실을 바늘의 뒤에서 앞으로 걸고 바늘에 새 실을 걸어 빼냅니다.

'접친 매듭'으로 실 잇는 법

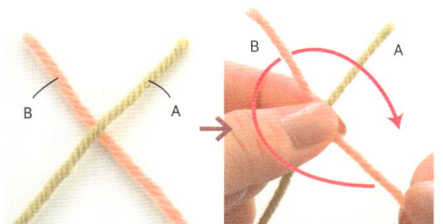 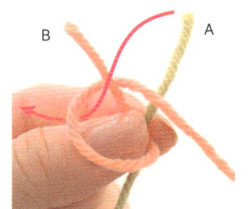 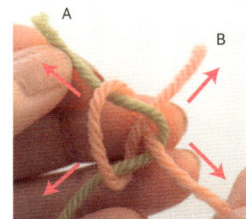 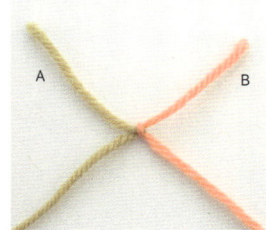

1 지금까지 뜨던 실 (A)와 새 실 (B)를 사진처럼 겹쳐서 왼손으로 잡고 실 B를 화살표 방향으로 돌립니다.

2 1에서 생긴 고리 가운데로 실 A의 실 끝을 넣습니다.

3 A·B실을 화살표 방향으로 균등한 힘으로 잡아당깁니다

4 접친 매듭이 완성되었습니다.

2단 이후 뜨개법

2단 이후는 특별한 지시가 없으면 앞단의 코머리 2가닥을 주워서 뜹니다.
뜨개 바탕의 마지막 코는 알아보기 힘들어 코 줍기를 빠뜨리기 십상이므로 조심해야 합니다.

짧은뜨기 · 한길긴뜨기에서 코 줍기

● 왕복뜨기

다음 단으로 이동할 때 뜨개 바탕 뒤집는 법

1 화살표처럼 뜨개 바탕 왼쪽 끝을 앞으로, 오른쪽 끝을 뒤로 돌립니다.

2 뜨개실이 앞쪽에 있습니다.

※ 단, 다음 단에서 처음에 빼뜨기하는 경우는 뜨개 바탕을 반대 방향으로 돌려서 뜨개실이 뒤쪽에 오도록 합니다.

짧은뜨기 뜨개 바탕

❶ 기둥코 사슬의 다음 코 줍는 법

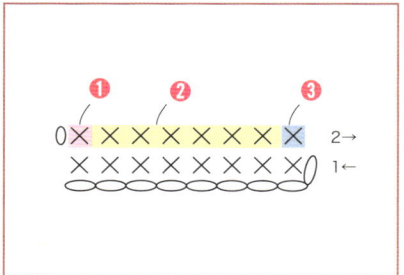

앞단의 마지막 짧은뜨기 코머리 2가닥을 주워서 짧은뜨기를 합니다.

짧은뜨기한 모습입니다. 이것이 이 단의 첫 코가 됩니다. 화살표처럼 바늘을 넣어서 2번째 짧은뜨기를 합니다.

❷ 단 중간에서 코를 줍는 법

앞단의 짧은뜨기 코머리 2가닥을 주워서 짧은뜨기합니다.

❸ 단 마지막 코를 줍는 법

앞단의 첫 짧은뜨기 코머리 2가닥을 주워서 짧은뜨기합니다.

마지막 코가 완성된 모습입니다.

한길긴뜨기 뜨개 바탕

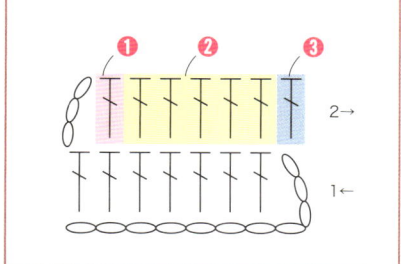

※ 짧은뜨기 제외한 뜨개코(긴뜨기나 두길긴뜨기 등)는 모두 같은 방법으로 줍습니다.

❶ 기둥코 사슬 다음 코를 줍는 법

앞단의 마지막 코에서 2번째 한길긴뜨기의 코머리 2가닥을 주워서 한길긴뜨기를 합니다.

한길긴뜨기를 한 모습입니다. 기둥코 사슬이 이 단의 첫 코, 한길긴뜨기가 2번째 코가 됩니다.

❷ 단 중간에서 코를 줍는 법

앞단의 한길긴뜨기 코머리 2가닥을 주워서 한길긴뜨기를 합니다.

❸ 단 마지막 코를 줍는 법

앞단의 기둥코 사슬의 3번째 코를 주워서 한길긴뜨기를 합니다.

2단

1단의 기둥코 사슬 3번째 코의 뒤쪽에서 바늘을 넣습니다.

3단 이후

앞단의 기둥코 사슬 3번째 코의 앞쪽에서 바늘을 넣습니다.

↓

마지막 코를 완성한 모습입니다.

코를 더 줍거나 빠뜨리면

◯ 정확히 주운 상태　　✕ 잘못 주운 상태

뜨개 바탕이 네모반듯합니다.　뜨개 바탕이 기울어집니다.

앞단 기둥코 사슬의 코를 줍지 않고 빠뜨렸습니다.　앞단의 마지막 코에 한길긴뜨기를 했습니다.

● 원형뜨기

짧은뜨기 뜨개 바탕

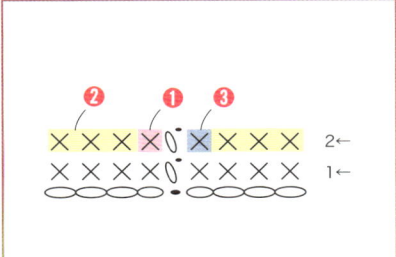

❶ 기둥코 사슬 다음 코를 줍는 법

앞단의 첫 짧은뜨기의 코머리 2가닥(앞단의 마지막 빼뜨기에 계속해서 뜨는 코)을 주워서 짧은뜨기합니다.

짧은뜨기를 한 모습입니다. 이것이 이 단의 첫 코가 됩니다.

❷ 단 중간에서 코를 줍는 법

앞단의 짧은뜨기 코머리 2가닥을 주워서 짧은뜨기를 합니다.

❸ 단 마지막 코를 줍는 법

앞단의 마지막 짧은뜨기 코머리 2가닥을 주워서 짧은뜨기를 합니다. 앞단의 마지막에 뜬 빼뜨기까지 줍지 않도록 주의해야 합니다.

마지막 코가 완성된 모습입니다.

한길긴뜨기 뜨개 바탕

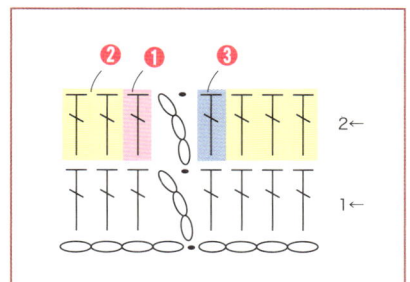

※ 짧은뜨기를 제외한 뜨개코(긴뜨기나 두길긴뜨기 등)는 모두 같은 방법으로 줍습니다.

❶ 기둥코 사슬 다음 코를 줍는 법

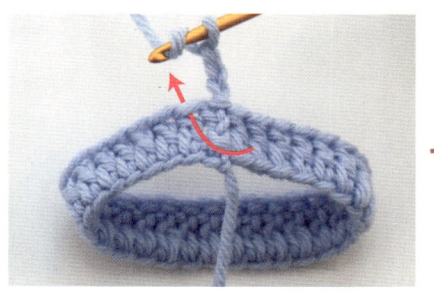

앞단의 2번째 한길긴뜨기(첫 코는 기둥코 사슬)의 코머리 2가닥을 주워서 한길긴뜨기를 합니다.

한길긴뜨기를 한 모습입니다. 기둥코 사슬이 이 단의 첫 코, 한길긴뜨기가 2번째 코가 됩니다.

❷ 단 중간에서 코 줍는 법

앞단의 한길긴뜨기 코머리 2가닥을 주워서 한길긴뜨기를 합니다.

❸ 단 마지막 코를 줍는 법

앞단의 마지막 한길긴뜨기 코머리 2가닥을 주워서 한길긴뜨기를 합니다.

마지막 코가 완성되었습니다.

코아래에서 줍기

앞단의 사슬뜨기에서 코를 주울 때 사슬 아래에 바늘을 넣어 사슬을 그대로 줍는 것을 '코아래에서 줍기'라고 합니다. 앞단이 사슬뜨기이면 기본적으로 코아래에서 줍기를 합니다.

모눈뜨기

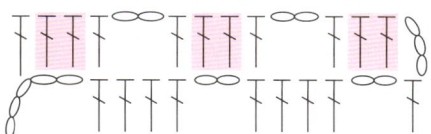

분홍색 부분의 한길긴뜨기는 앞단의 사슬을 코아래에서 주워서 뜹니다.

바늘에 실을 건 다음 화살표처럼 바늘을 넣고 한길긴뜨기를 합니다.

한길긴뜨기를 한 모습입니다. 코아래에서 주우면 앞단의 사슬을 감싸듯이 뜨게 됩니다.

그물뜨기

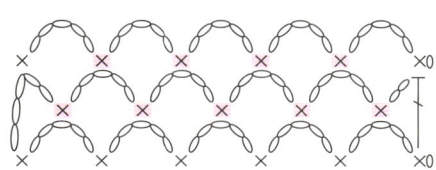

분홍색 부분의 짧은뜨기는 앞단의 사슬을 코아래에서 주워서 뜹니다.

화살표처럼 바늘을 넣고 짧은뜨기를 합니다.

짧은뜨기를 한 모습입니다. 코아래에서 주우면 앞단의 사슬을 감싸듯이 뜨게 됩니다.

긴뜨기 구슬뜨기에서 코 줍기

긴뜨기 구슬뜨기는 뜨개코의 특성 때문에 코머리가 코다리보다 조금 오른쪽으로 치우쳐져 있습니다.
그러므로 코머리에 바늘을 넣어서 다음 단의 코를 주우면 뜨개코가 기울어져 보일 수도 있습니다.
일부러 코머리의 옆코(코다리 바로 위에 있는 코)에 바늘을 넣어서 주우면 코가 한쪽으로 치우쳐 보이지 않고 깔끔해 보입니다.

● 왕복뜨기

코머리에서 줍기

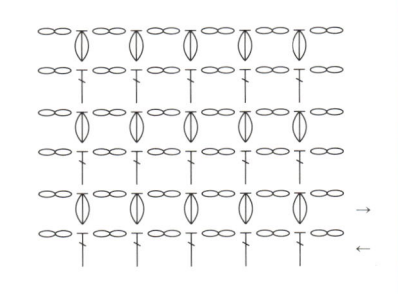

구슬뜨기 코머리에 바늘을 넣습니다(왕복뜨기이므로 코머리가 코다리보다 조금 왼쪽으로 어긋나 있습니다).

뜨개코가 전체적으로 비스듬히 기울었습니다.

코머리 옆코에서 줍기

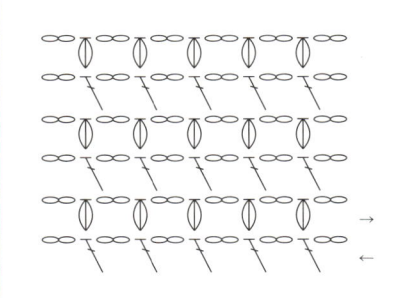

구슬뜨기 코다리 바로 위에 있는 코에 바늘을 넣습니다(왕복뜨기라서 실제로는 코머리의 오른쪽 사슬코에 바늘을 넣게 됩니다).

뜨개코가 가지런히 서 있습니다.

한길긴뜨기 구슬뜨기에서 코 줍기(평면뜨기)

한길긴뜨기 구슬뜨기는 코머리가 코다리 바로 위에 있으므로, 다른 뜨개법과 마찬가지로 코머리에 바늘을 넣어서 다음 단을 뜹니다.

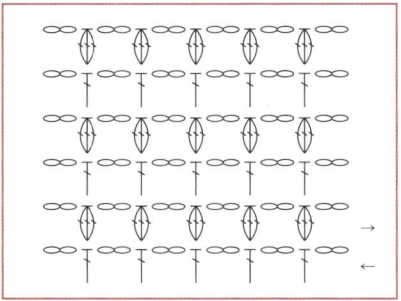

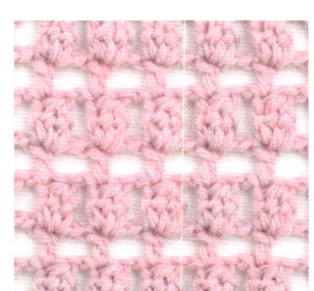

● 원형뜨기

코머리에서 줍기

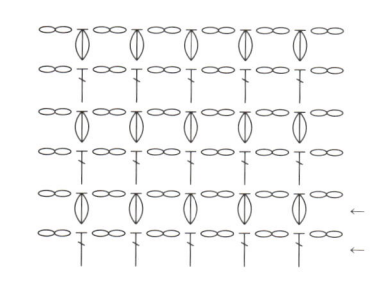  

구슬뜨기 코머리에 바늘을 넣습니다(원형뜨기이므로 코머리가 코다리보다 조금 오른쪽으로 어긋나 있습니다).

뜨개코가 전체적으로 비스듬히 기울었습니다.

코머리 옆코에서 줍기

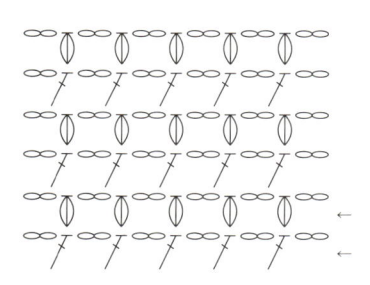  

구슬뜨기 코다리 바로 위에 있는 코에 바늘을 넣습니다(원형뜨기이므로 실제로 코머리의 왼쪽 사슬뜨기에 바늘을 넣게 됩니다).

뜨개코가 가지런히 서 있습니다.

한길긴뜨기 구슬뜨기에서 코 줍기(원형뜨기)

한길긴뜨기 구슬뜨기는 코머리가 코다리 바로 위에 있으므로, 다른 뜨개법과 마찬가지로 코머리에 바늘을 넣어서 다음 단을 뜹니다.

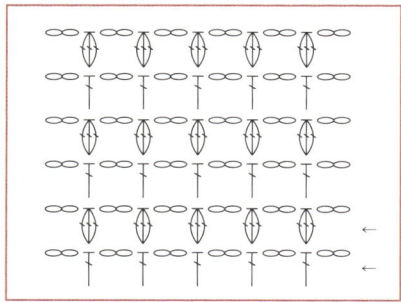  

제3장 코 줄이기

코 줄이기

뜨개 바탕의 폭을 줄일 때 코를 줄이는 것을 '코 줄이기'라고 하고
어깨 둘레나 목둘레, 소맷부리에 커브를 표현할 때 사용합니다.

● 1코 줄이기

뜨개 바탕 가장자리에서 코를 줄이거나 중간에서 코를 줄이는 경우 '2코를 한 번에' 뜨는 방법은 같습니다.

짧은뜨기 뜨개 바탕

= 짧은뜨기 2코를 한 번에
(P.143 참고)

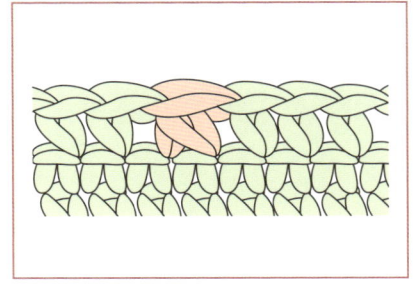

앞단에 있던 2코가 1코로 줄었습니다.

한길긴뜨기 뜨개 바탕

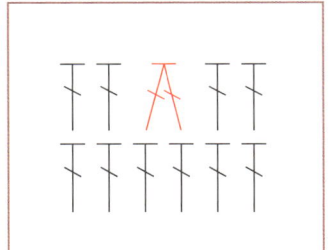

= 한길긴뜨기 2코를 한 번에
(P.145 참고)

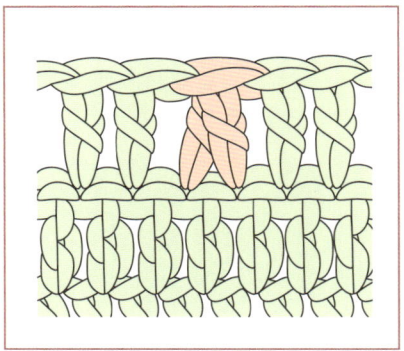

앞단에 있던 2코가 1코로 줄었습니다.

● 2코 줄이기

뜨개 바탕 가장자리에서 코를 줄이거나 중간에서 코를 줄이는 경우도 '3코를 한 번에' 뜨는 방법은 같습니다.

짧은뜨기 뜨개 바탕

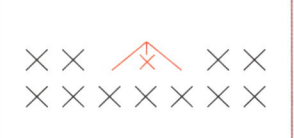

= 짧은뜨기 3코를 한 번에
(P.143 참고)

앞단에 있던 3코가 1코로 줄었습니다.

한길긴뜨기 뜨개 바탕

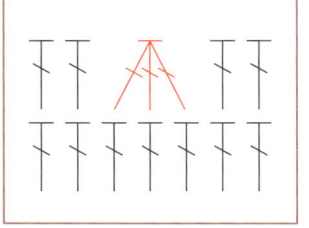

= 한길긴뜨기 3코를 한 번에
(P.145 참고)

앞단에 있던 3코가 1코로 줄었습니다.

● 가장자리에서 여러 코 줄이기

뜨개 바탕 가장자리에서 한꺼번에 많은 코를 줄이는 방법입니다. 단 처음 부분을 줄일 때는 '실 걸치기', 단 마지막 부분을 줄일 때는 '뜨개 남기기'로 진행합니다. 여기에서는 한길긴뜨기 뜨개 바탕으로 소개하겠습니다.

단 처음에 여러 코 줄이기 (실 걸치기)

실을 걸치면 나중에 꼬리실을 정리하는 번거로움이 줍니다.
또 걸친 실은 나중에 가장자리 뜨기처럼 코를 주울 때 실을 감싸서 숨길 수 있습니다.

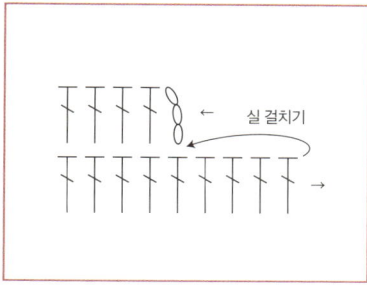

단 처음에 4코 줄이기

1 앞단을 모두 뜨면, 코바늘에 걸린 고리를 길게 뺍니다.

2 코바늘을 빼고 커진 고리 사이로 실타래를 넣습니다.

3 실타래의 실을 당겨 고리를 조입니다.

4 고리를 조인 모습입니다. 매듭이 풀리지 않게 되었습니다.

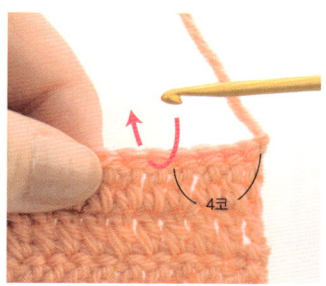

5 끝에서 5번째 코에 화살표처럼 바늘을 넣습니다.

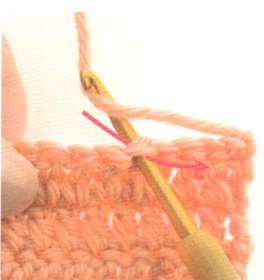

6 바늘에 실을 걸어 빼냅니다.

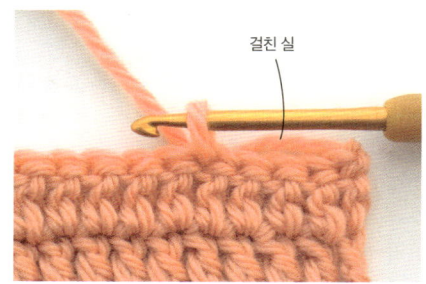

7 실을 빼낸 모습입니다. 걸친 실은 너무 당기거나 느슨하지 않도록 적당하게 당겨줍니다.

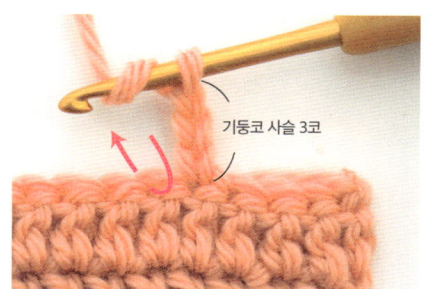

8 기둥코 사슬 3코를 뜬 후 뜨개 도안대로 계속 뜹니다.

9 가장자리에서 4코가 줄었습니다.

단 마지막에 여러 코 줄이기
(뜨개 남기기)

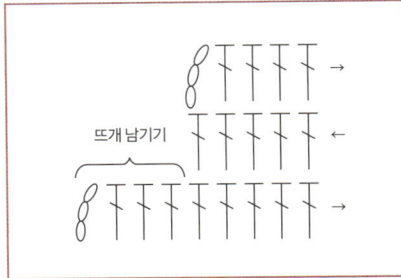

단 마지막에 4코 줄이기

단의 마지막 4코를 뜨지 않고 뒤집어서 다음 단을 뜹니다. 가장자리에서 4코가 줄었습니다.

목둘레 코 줄이는 법
(실 잇기, 실 자르기)

목둘레를 뜰 때는 중심에서 왼쪽·오른쪽으로 나누어서 뜹니다. 몸통을 뜨던 실로 계속 한쪽 어깨를 뜨고, 새 실을 이어서 나머지 어깨 부분을 뜹니다.

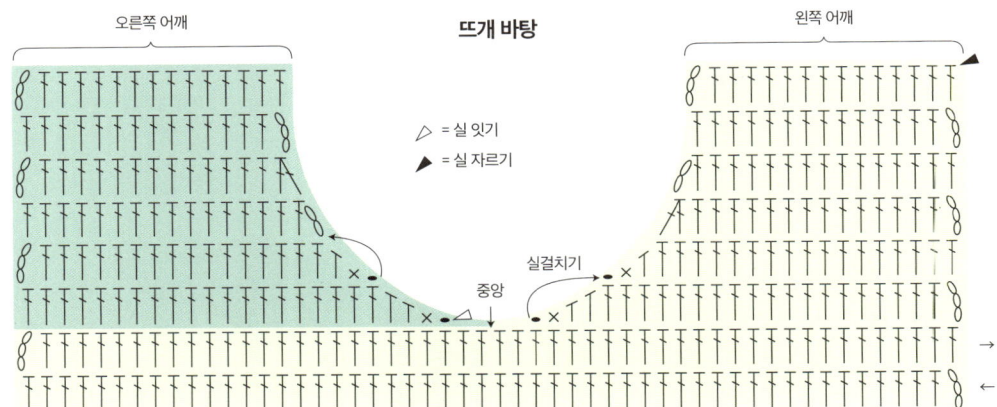

※ 알아보기 쉽도록 색실을 바꾸었습니다.

1 몸통을 뜨던 실로 계속해서 왼쪽 어깨만 왕복뜨기를 합니다. 뜨개를 마친 실은 일단 자릅니다. (▶ 실 자르기)

2 오른쪽 어깨 뜨개 시작 위치에 바늘을 넣고, 새 실을 잇습니다. (△ 실 잇기)

3 뜨개 도안을 참고해 오른쪽 어깨 첫 단을 떴습니다.

4 계속해서 오른쪽 어깨를 왕복뜨기합니다.

코 늘리기

뜨개 바탕의 폭을 넓힐 때 코를 늘리는 것을 '코 늘리기'라고 하는데,
소매 아랫단의 비스듬한 부분을 만들 때나 옷자락이 퍼지는 뜨개 바탕을 연출하고 싶을 때 사용합니다.

● **1코 늘리기** 뜨개 바탕 가장자리에서 코를 늘리거나 중간에 코를 늘릴 때도 '2코 늘려뜨기'를 하는 방법은 같습니다.

짧은뜨기 뜨개 바탕

= 짧은뜨기 2코 늘려뜨기
(P.139 참고)

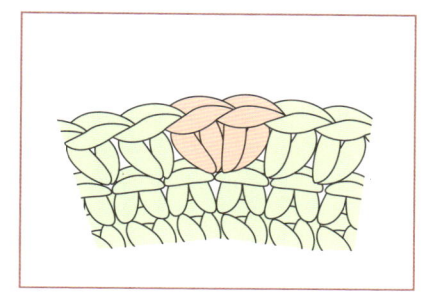

앞단에 있던 1코가 2코로 늘었습니다.

한길긴뜨기 뜨개 바탕

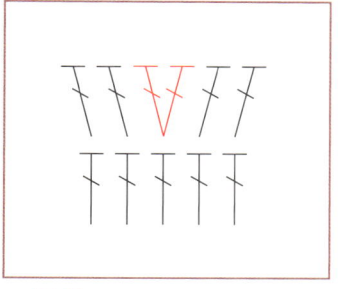

= 한길긴뜨기 2코 늘려뜨기
(P.141 참고)

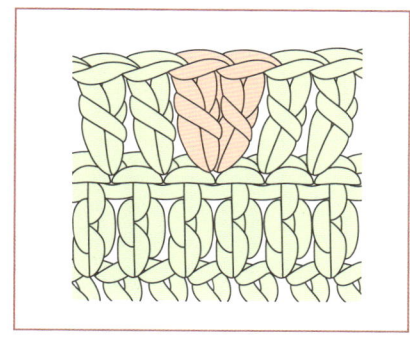

앞단에 있던 1코가 2코로 늘었습니다.

● **2코 늘리기** 뜨개 바탕 가장자리에서 코를 늘리거나 중간에 코를 늘릴 때도 '3코 늘려뜨기'를 하는 방법은 같습니다.

짧은뜨기 뜨개 바탕

= 짧은뜨기 3코 늘려뜨기
(P.139 참고)

앞단에 있던 1코가 3코로 늘었습니다.

한길긴뜨기 뜨개 바탕

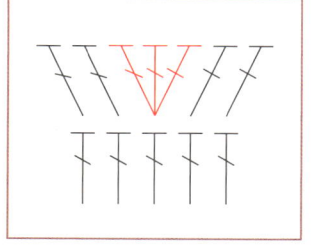

= 한길긴뜨기 3코 늘려뜨기
(P.141 참고)

앞단에 있던 1코가 3코로 늘었습니다.

● 가장자리에서 여러 코 늘리기

뜨개 바탕 가장자리에서 한꺼번에 여러 코를 늘리는 방법입니다. '앞단을 마지막까지 뜬 후 계속해서 사슬뜨기로 코를 만드는 방법'과 '앞단의 시작 부분에 다른 실을 이어서 사슬뜨기로 코를 만드는 방법'이 있습니다.

앞단을 마지막까지 뜬 후 계속해서 사슬뜨기로 코 만들기

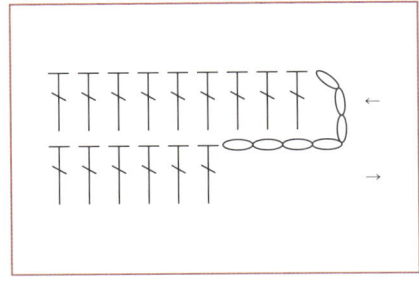

계속해서 4코 늘리기

1 앞단의 마지막 코를 뜨고 나면 계속해서 사슬뜨기를 4코 뜹니다.

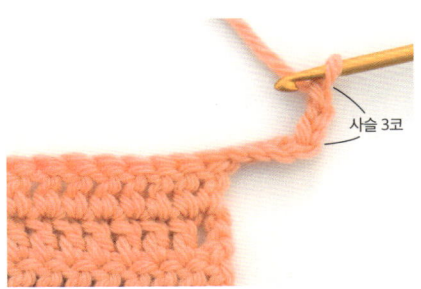

2 뜨개 바탕을 뒤집어서 기둥코 사슬을 3코 뜹니다.

3 만들어 놓은 사슬뜨기에서 코를 주워서 한길긴뜨기를 합니다.

4 사슬뜨기에서 코를 주워서 한길긴뜨기를 한 모습입니다. 뜨개 바탕 가장자리에서 4코가 늘었습니다.

5 계속해서 앞단의 코머리 2가닥을 주워서 뜹니다.

앞단이 시작하는 곳에서 다른 실을 이어 사슬뜨기로 코 만들기

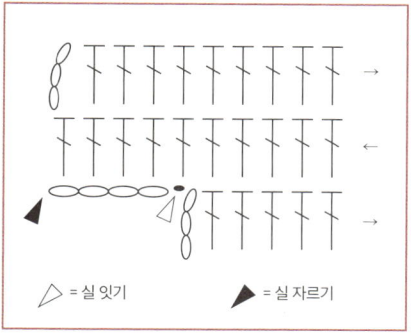

△ = 실 잇기　▲ = 실 자르기

다른 실로 이어서 4코 늘리기

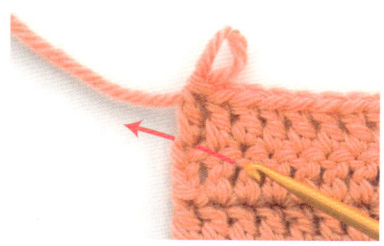

1　단 마지막 코를 뜨면 일단 코바늘을 빼고 앞단의 기둥코 사슬 3번째 코에 바늘을 넣습니다.

2　바늘에 다른 실을 걸어 빼냅니다.

3　다시 바늘에 실을 걸어 뺍니다.

4　사슬뜨기를 4코 뜹니다.

5　실꼬리를 5cm 길이로 자릅니다. 코바늘을 빼낸 후 꼬리실을 고리 사이로 넣은 다음 잡아당깁니다.

6　1에서 쉬게 두었던 고리에 코바늘을 다시 끼우고 다른 실로 만든 사슬뜨기에서 코를 주워서 한길긴뜨기를 합니다.

7　사슬뜨기에서 코를 주워서 한길긴뜨기를 한 모습입니다. 뜨개 바탕 가장자리에서 4코가 늘었습니다.

제3장
실 색상 바꾸는 법

실 색상 바꾸는 법

뜨개 바탕의 중간에서 색실을 바꾸는 방법을 소개합니다.
배색하는 단수나, 콧수, 무늬에 따라 다양한 방법이 있습니다.

줄무늬 배색뜨기 실 바꾸는 법

● 왕복뜨기

1단씩 가장자리에서 실을 바꾸는 법

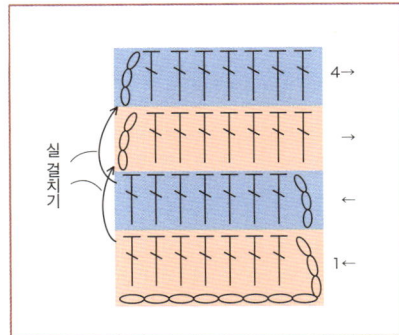

1. A색실로 1단을 다 뜨면 코바늘에 걸린 고리를 잡아당겨 크게 만듭니다.

2. 코바늘을 빼고, 커진 고리 사이로 실타래를 넣습니다.

3. 실타래의 실을 당겨서 고리를 조입니다. 매듭이 풀리지 않게 되었습니다.

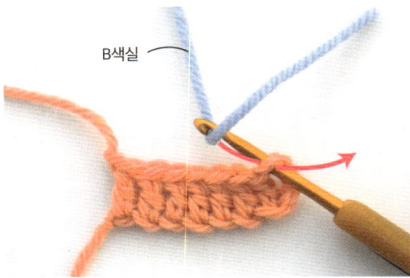

4. A색실은 그대로 쉬게 둡니다. 1단의 기둥코 사슬 3번째 코에 바늘을 넣고 B색실을 빼냅니다.

5. B색실을 빼냈습니다.

6. 기둥코 사슬을 3코 떠서 한길긴뜨기를 합니다.

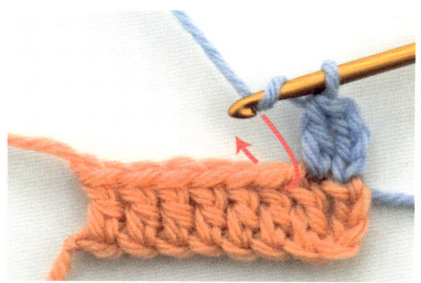

7 계속해서 한길긴뜨기로 2단을 뜹니다.

8 2단의 마지막 한길긴뜨기를 완성할 때 쉬는 실인 A색실을 빼냅니다. 이때 B색실은 코바늘 앞에서 뒤로 걸어놓습니다.

9 A색실을 빼낸 모습입니다. 이때 걸친 실이 너무 팽팽하거나 느슨하지 않도록 합니다. B색실은 그대로 쉬게 둡니다.

10 뜨개 바탕을 뒤집어서 A색실로 3단을 뜹니다.

※ 다음 페이지에서 계속.

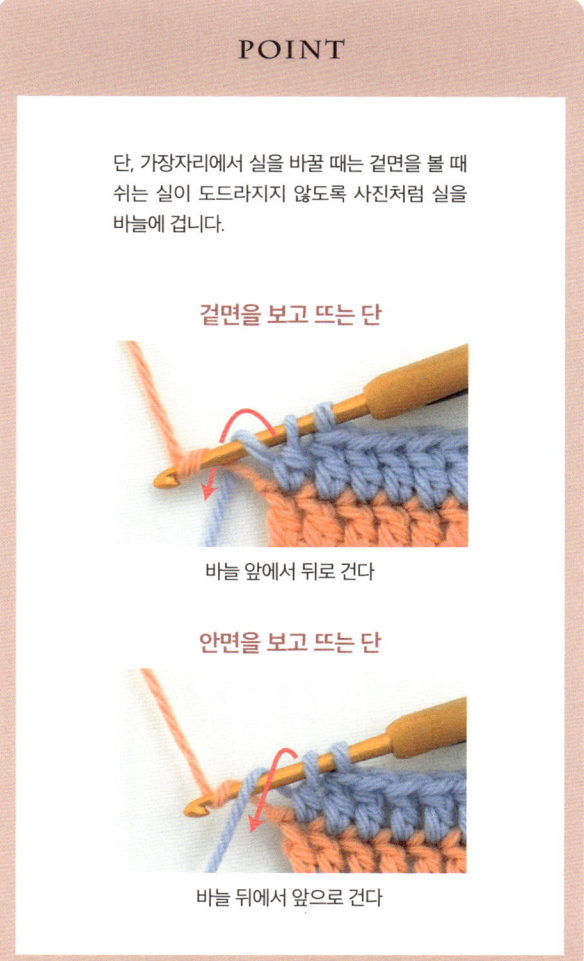

POINT

단, 가장자리에서 실을 바꿀 때는 겉면을 볼 때 쉬는 실이 도드라지지 않도록 사진처럼 실을 바늘에 겁니다.

겉면을 보고 뜨는 단

바늘 앞에서 뒤로 건다

안면을 보고 뜨는 단

바늘 뒤에서 앞으로 건다

제3장

실 색상 바꾸는 법

11 3단 뜨기가 끝나면 1~2와 같은 방법으로 코바늘에 걸린 고리를 잡아당겨 고리 사이에 실타래를 넣습니다.

12 실타래의 실을 당겨서 고리를 조입니다.

13 A색실은 그대로 쉬게 둡니다. 3단 기둥코 사슬 3번째 코에 바늘을 넣고 B색실을 빼냅니다.

14 B색실을 빼냈습니다. 이때 걸친 실이 너무 팽팽하거나 느슨하지 않도록 합니다.

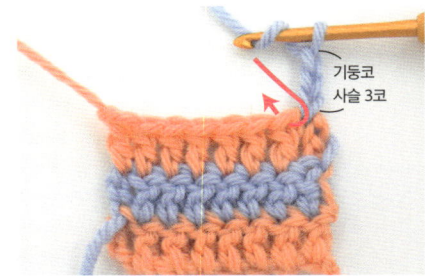

15 기둥코 사슬을 3코 떠서 한길긴뜨기로 4단을 뜹니다.

16 4단의 마지막 한길긴뜨기를 완성할 때 쉬는 실인 A색실을 빼냅니다. 이때 B색실은 바늘의 뒤에서 앞으로 걸어놓습니다.

17 A색실을 빼낸 모습입니다. 같은 방법으로 한 단마다 실을 바꾸면서 뜹니다.

2단마다 가장자리에서 실을 바꾸는 법

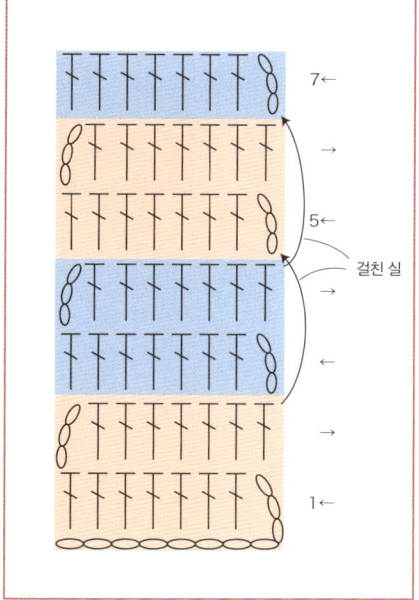

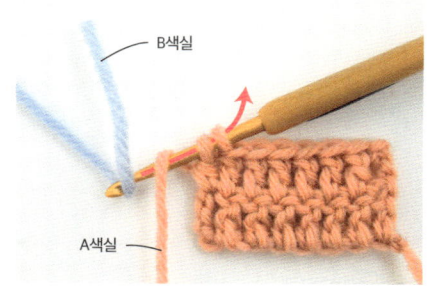

1 A색실로 1·2단을 뜨다가 2단 마지막 한길긴뜨기를 완성할 때 B색실을 빼냅니다. 이때 A색실을 코바늘 뒤에서 앞으로 걸어놓습니다.

2 B색실을 빼낸 모습입니다. A색실은 그대로 쉬게 둡니다.

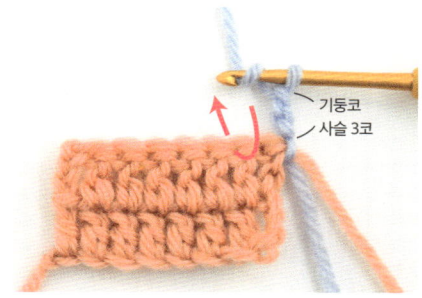

3 뜨개 바탕을 뒤집어 기둥코 사슬을 3코 뜬 다음, B색실로 3단을 뜹니다.

4 계속해서 4단도 B색실로 뜨다가 4단 마지막 한길긴뜨기를 완성할 때 쉬는 실인 A색실을 빼냅니다. 이때 B색실은 코바늘 뒤에서 앞으로 걸어놓습니다.

5 A색실을 빼낸 모습입니다. 이때 걸친 실은 너무 팽팽하거나 느슨하지 않도록 합니다. B색실은 그대로 쉬게 둡니다.

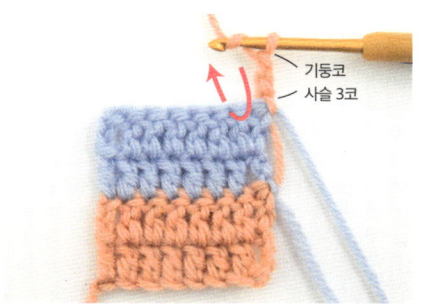

6 뜨개 바탕을 뒤집어 기둥코 사슬을 3코 뜬 다음, A색실로 5단·6단을 뜹니다.

7 7단까지 뜬 모습입니다. 뜨개 바탕 가장자리에 실이 걸쳐 있습니다. 같은 방법으로 두 단마다 실을 바꾸면서 뜹니다.

● 원형뜨기

원으로 뜨기

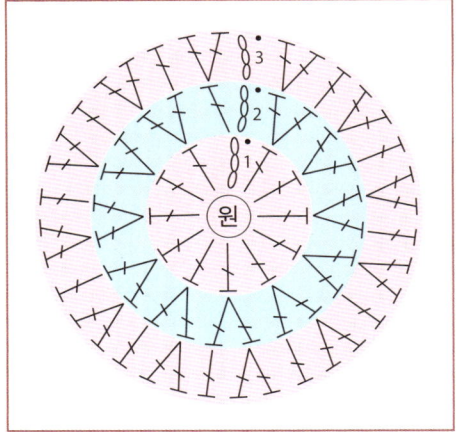

1. A색실로 1단을 뜨다가 마지막 한길긴뜨기를 완성하기 직전에 A색실을 코바늘의 앞에서 뒤로 걸어놓습니다.

2. B색실을 코바늘에 걸어 한 번에 빼냅니다.

3. 뜨개 시작의 꼬리실을 잡아당겨서 뜨개 바탕을 조입니다(P.39 6~7 참고).

4. 기둥코 사슬 3번째 코에 바늘을 넣습니다. A색실을 자르지 않은 채 쉬게 둡니다.

5. 코바늘에 B색실을 걸어 화살표 방향으로 한 번에 빼냅니다.

6. 1단을 떴습니다. 계속해서 B색실로 2단을 뜹니다.

7. 2단의 마지막 한길긴뜨기를 완성하기 바로 전까지 뜹니다.

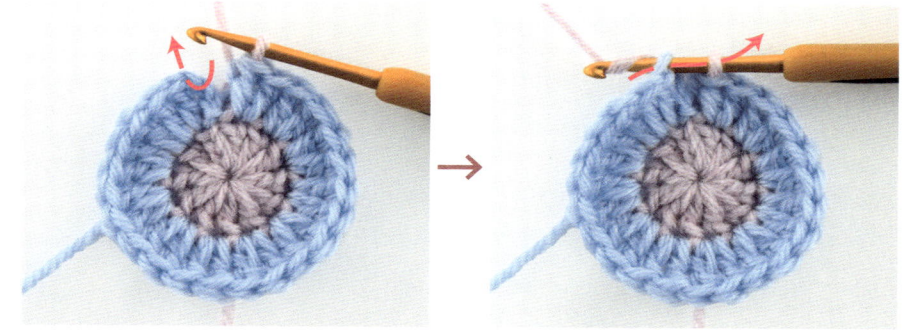

8 B색실을 바늘 앞에서 뒤로 걸고, B색실의 뒤에서 A색실을 걸어 한 번에 빼냅니다. B색실을 자르지 않은 채 쉬게 둡니다.

9 2단의 마지막 한길긴뜨기를 했습니다. 2단의 기둥코 사슬 3번째 코에 바늘을 넣고 바늘에 A색실을 걸어 화살표 방향으로 한 번에 빼냅니다.

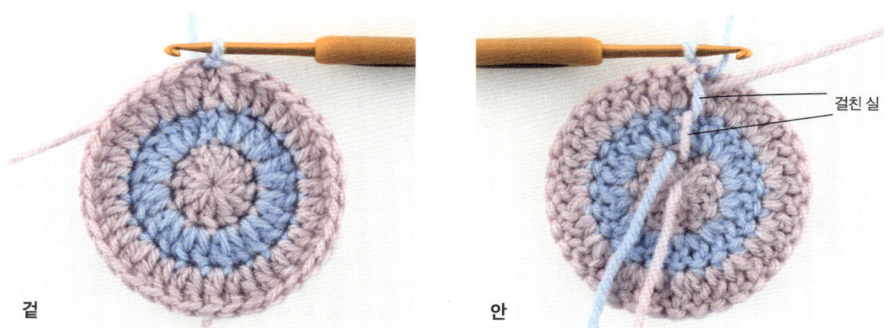

10 2단을 떴습니다. 계속해서 A색실로 3단을 뜹니다.

11 같은 방법으로 한 단마다 실을 바꾸면서 뜹니다. 뜨개 바탕 안면에는 세로로 실이 걸쳐 있습니다.

원통으로 뜨기

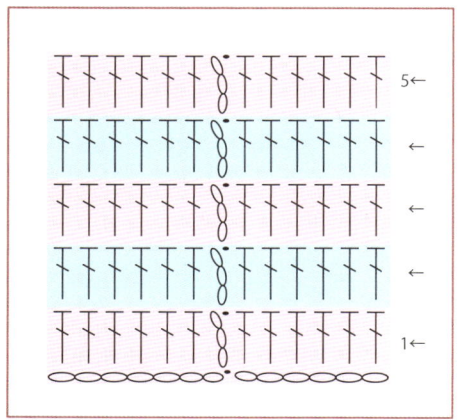

원통으로 뜨기도 원으로 뜨기와 마찬가지로 단의 마지막 한길긴뜨기를 완성할 때 다음 색실로 바꾸어서 뜹니다. 뜨개 바탕의 안에는 세로로 실이 걸쳐 있습니다.

배색무늬뜨기 실 바꾸는 법

뜨개 바탕에 배색실을 사용해 가로·세로 줄무늬나 다양한 뜨개 무늬를 표현하는 테크닉입니다. 실을 감싸듯 뜨는 법과 뜨개 바탕 안에서 실을 걸쳐 뜨는 법이 있습니다.

● 실을 감싸듯 뜨는 방법

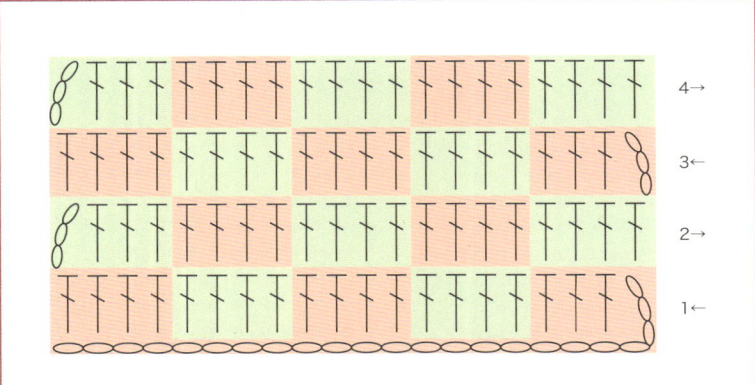

1 A색실로 시작코를 뜨고 1단 중간까지 뜹니다. B색실로 바뀌는 첫 코 바로 전 코를 완성할 때 B색실을 빼냅니다.

2 바늘에 실을 걸어 화살표 방향으로 바늘을 넣습니다.

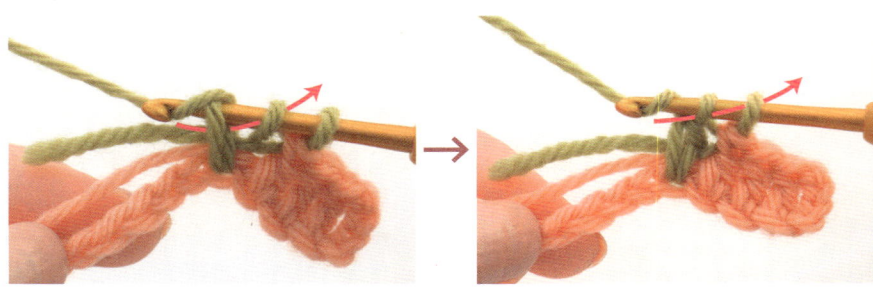

3 B색실 꼬리실과 A색실을 감싸듯이 숨기며 B색실로 한길긴뜨기를 합니다.

4 한길긴뜨기를 1코 떴습니다. 같은 방법으로 B색실 꼬리실과 A색실을 감싸듯 뜨면서 B색실로 한길긴뜨기를 합니다.

5 A색실로 바뀌는 첫 코 바로 전 코를 완성할 때 A색실을 걸어 빼냅니다. 이때 코 안에 걸친 A색실이 너무 팽팽하거나 느슨하지 않도록 적당히 당깁니다.

6 B색실을 감싸듯 하면서 A색실로 한길긴뜨기를 합니다.

7 뜨개 도안을 참고해 A색실과 B색실을 바꾸어 가면서 뜹니다. 1단의 마지막 코를 완성할 때 B색실을 빼냅니다. 이때 A색실은 바늘 앞에서 뒤로 걸어놓습니다.

8 1단을 다 떴습니다.

9 2단을 뜹니다. 뜨개 바탕을 뒤집어 B색실로 기둥코 사슬을 3코 뜹니다.

10 코바늘에 실을 걸어서 화살표 방향으로 A색실을 감싸듯이 바늘을 넣고, B색실로 한길긴뜨기를 합니다.

11 A색실로 바뀌는 첫 코의 바로 전 코를 완성할 때 A색실을 걸어 빼냅니다.

12 바늘에 실을 걸고 화살표처럼 B색실을 감싸듯이 바늘을 넣어 A색실로 한길긴뜨기를 합니다.

13 뜨개 도안을 참고해 A색실과 B색실을 바꾸어 가면서 뜹니다. 2단의 마지막 코를 완성할 때 A색실을 빼냅니다. 이때 B색실은 바늘의 뒤에서 앞으로 걸어놓습니다.

14 2단을 다 떴습니다.

15 1·2단과 같은 방법으로 계속 뜹니다.

● 뜨개 바탕 안면에서 실을 옆으로 걸치는 법

뜨개 무늬를 넣는 단에서 바탕실로 뜰 때는 배색실을, 배색실로 뜰 때는 바탕실을 안면에 걸치면서 뜹니다.
안면에서 걸치는 실은 너무 팽팽하거나 느슨하지 않도록 실 장력에 주의하면서 떠주세요.

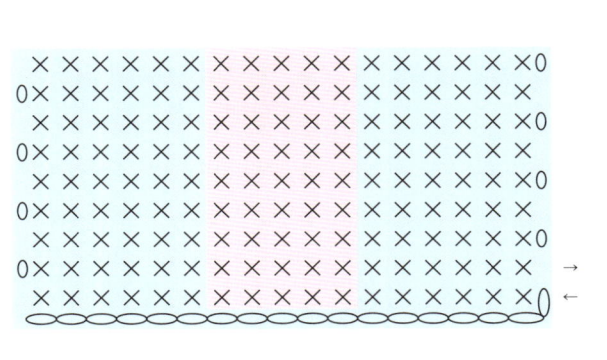

뜨개 바탕의 겉면을 보고 뜨는 단

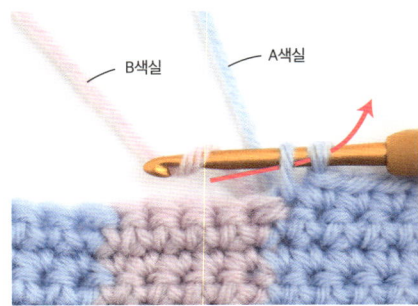

1 B색실로 바뀌는 첫 코 바로 전 코를 완성할 때 B색실을 바늘에 걸고 한 번에 빼냅니다.

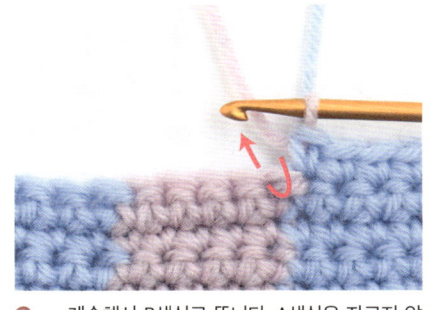

2 계속해서 B색실로 뜹니다. A색실은 자르지 않고 뜨개 바탕의 뒤쪽에서 쉬게 둡니다.

3 A색실로 바뀌는 첫 코 바로 전 코를 완성할 때 A색실을 바늘에 걸고 한 번에 빼냅니다. 이때 뜨개 바탕의 안면에 걸치는 실이 너무 팽팽하거나 느슨하지 않도록 주의합니다.

4 계속해서 A색실로 뜹니다. B색실은 자르지 않고 뜨개 바탕의 뒤쪽에서 쉬게 둡니다.

뜨개 바탕의 안면을 보면서 뜨는 단

1 B색실로 바뀌는 첫 코의 바로 전 코를 완성할 때 A색실을 뜨개 바탕 앞에 쉬게 두고, B색실을 걸어서 한 번에 빼냅니다.

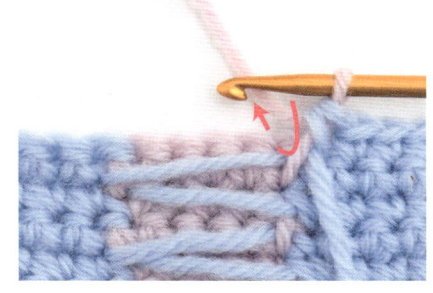

2 계속해서 B색실로 뜹니다.

3 A색실로 바뀌는 첫 코 바로 전 코를 완성할 때 A색실을 바늘에 걸어서 한 번에 빼냅니다. 이때 뜨개 바탕 안면에 걸치는 실이 너무 팽팽하거나 느슨하지 않도록 주의합니다.

걸

안

4 계속해서 A색실로 뜹니다. B색실을 자르지 않고 뜨개 바탕의 앞쪽에 쉬게 둡니다.

5 같은 방법으로 뜨개 도안을 참고해 실을 바꾸어가면서 뜹니다. 뜨개 바탕의 안면에는 가로로 실이 걸쳐 있습니다.

● 뜨개 바탕 안면에서 실을 세로로 걸치는 법

바탕실과 배색실의 경계가 되는 코에서 실을 걸어 올려서 안면에서 실을 가로로 걸치지 않게 뜨는 방법입니다. 가로·세로 줄무늬, 큰 뜨개 무늬에 알맞습니다. 1단을 뜰 때 실이 바뀌는 횟수만큼 실타래를 준비해 놓습니다.

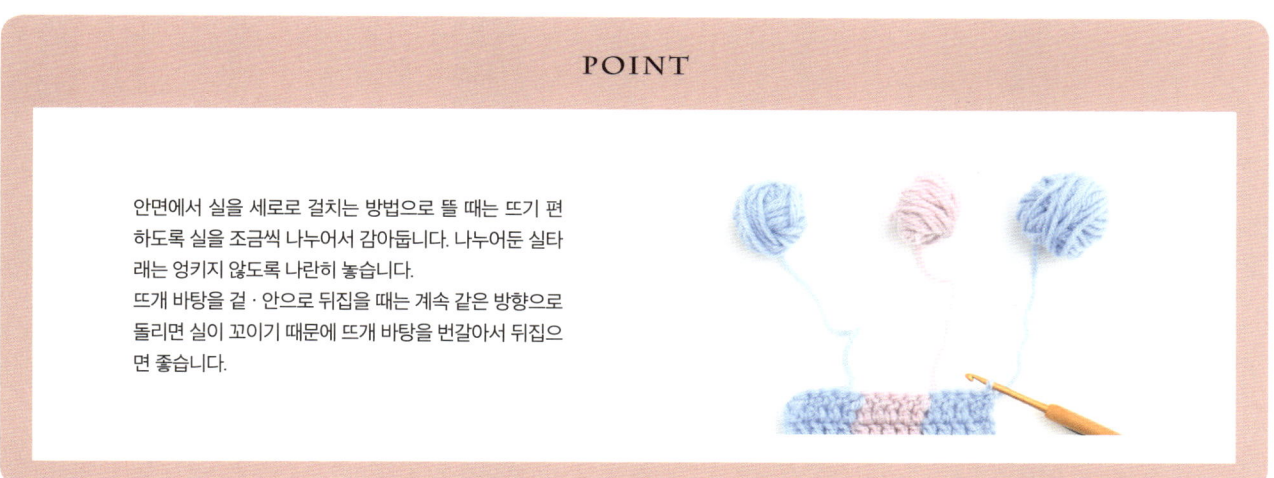

POINT

안면에서 실을 세로로 걸치는 방법으로 뜰 때는 뜨기 편하도록 실을 조금씩 나누어서 감아둡니다. 나누어둔 실타래는 엉키지 않도록 나란히 놓습니다.
뜨개 바탕을 겉·안으로 뒤집을 때는 계속 같은 방향으로 돌리면 실이 꼬이기 때문에 뜨개 바탕을 번갈아서 뒤집으면 좋습니다.

짧은뜨기

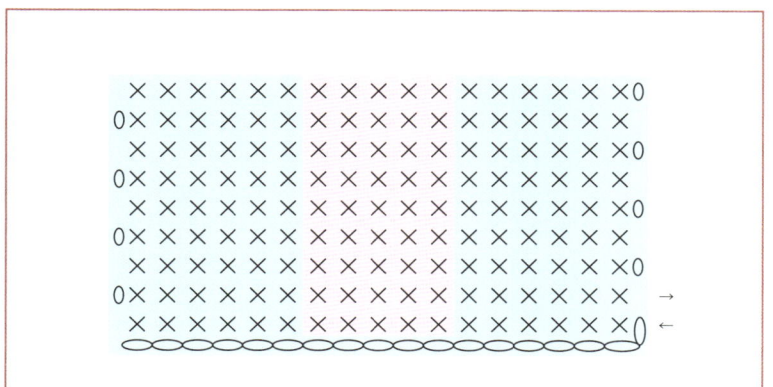

뜨개 바탕의 겉면을 보면서 뜨는 단

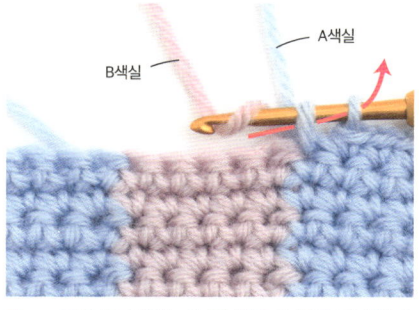

1 B색실로 바뀌는 첫 코 바로 전 코를 완성할 때 B색실을 바늘에 감아서 한 번에 빼냅니다.

제3장 실 색상 바꾸는 법

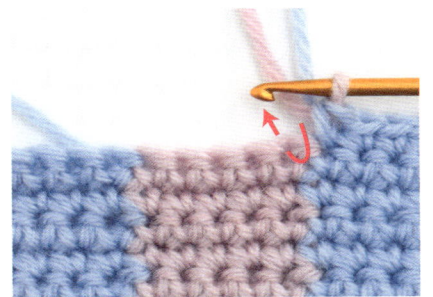

2 계속해서 B색실로 뜹니다. A색실은 자르지 않고 뜨개 바탕의 뒤쪽에 쉬게 둡니다.

3 A색실로 바뀌는 첫 코 바로 전 코를 완성할 때, A색실을 바늘에 걸어서 한 번에 빼냅니다.

4 계속해서 A색실로 뜹니다. B색실은 자르지 않고 뜨개 바탕의 뒤쪽에 쉬게 둡니다.

뜨개 바탕의 안면을 보면서 뜨는 단

1 B색실로 바뀌는 첫 코 바로 전 코를 완성할 때, A색실을 뜨개 바탕 앞쪽에 쉬게 두고 B색실을 걸어서 한 번에 빼냅니다.

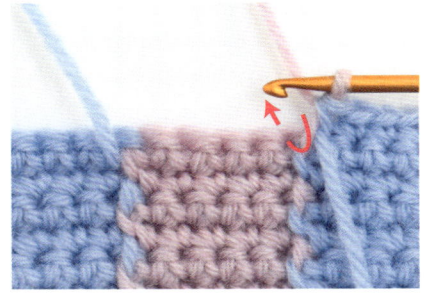

2 계속해서 B색실로 뜹니다.

3 A색실로 바뀌는 첫 코 바로 전 코를 완성할 때, B색실을 뜨개 바탕 앞쪽에 놓고 A색실을 바늘에 걸어서 한 번에 빼냅니다.

4 계속해서 A색실로 뜹니다.

겉

5 같은 방법으로 뜨개 도안을 참고해 색을 바꾸어가면서 뜹니다. 뜨개 바탕 안면에는 세로로 실이 걸쳐 있습니다.

안

긴뜨기

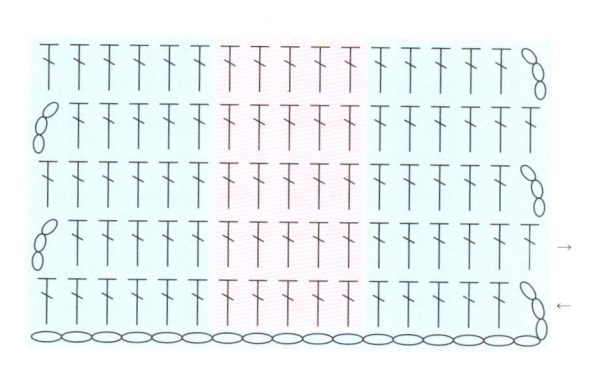

뜨개 바탕 겉면을 보면서 뜨는 단

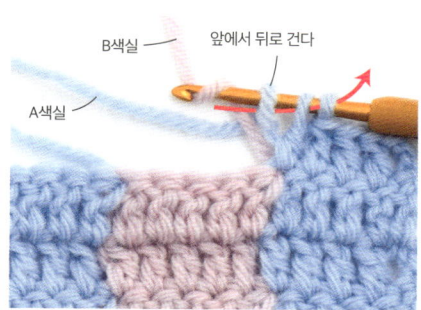

1. B색실로 바꾸는 첫 코 바로 전 코를 완성하기 직전에, A색실을 바늘 앞에서 뒤로 걸어놓고 B색실로 한 번에 빼냅니다.

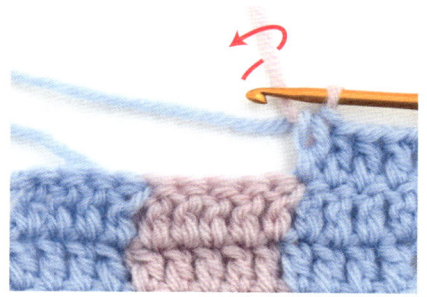

2. B색실을 빼냈습니다. 계속해서 바늘에 B색실을 겁니다. A색실은 자르지 않고 뜨개 바탕 뒤쪽에 쉬게 둡니다(느슨해지지 않도록 주의합니다).

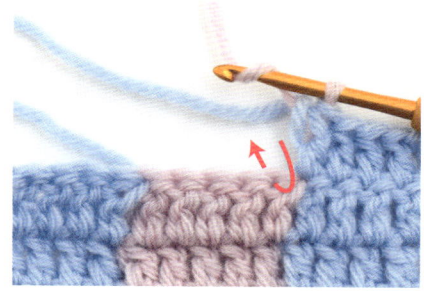

3. B색실로 한길긴뜨기를 합니다.

4. A색실로 바꾸는 첫 코 바로 전 코를 완성하기 직전에, B색실을 바늘 앞에서 뒤로 걸어놓고 A색실을 한 번에 빼냅니다.

5. A색실을 빼낸 모습입니다. 계속해서 바늘에 A색실을 겁니다. B색실은 자르지 않고 뜨개 바탕 뒤쪽에 쉬게 둡니다(느슨해지지 않도록 주의합니다).

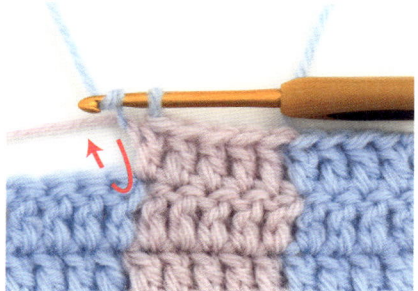

6. A색실로 한길긴뜨기를 합니다.

뜨개 바탕 안면을 보면서 뜨는 단

1 B색실로 바뀌는 첫 코 바로 전 코를 완성하기 직전에, A색실을 바늘의 뒤에서 앞으로 걸어놓고 B색실을 한 번에 빼냅니다.

2 B색실을 빼냈습니다. 계속해서 바늘에 B색실을 겁니다. A색실은 자르지 않고 뜨개 바탕 앞쪽에 쉬게 둡니다(느슨해지지 않도록 주의합니다).

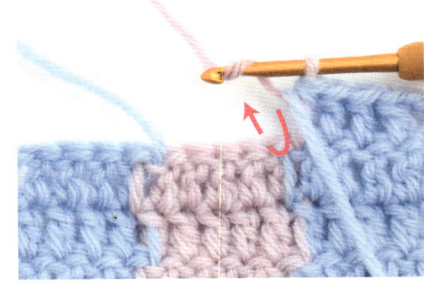

3 B색실로 한길긴뜨기를 합니다.

4 A색실로 바뀌는 첫 코 바로 전 코를 완성하기 직전에, B색실을 바늘 뒤에서 앞으로 걸어놓고 A색실을 한 번에 빼냅니다.

5 A색실을 빼냈습니다. 계속해서 바늘에 A색실을 겁니다. B색실은 자르지 않고 뜨개 바탕 앞쪽에 쉬게 둡니다(느슨해지지 않도록 주의합니다).

6 A색실로 한길긴뜨기를 합니다.

겉

안

7 같은 방법으로 뜨개 도안을 참고해, 색을 바꾸어가면서 뜹니다. 뜨개 바탕 안면에는 세로로 실이 걸쳐 있습니다.

단에서 코 줍는 법

가장자리를 뜰 때 뜨개 바탕의 단(옆선)에서 코를 줍는 경우가 있습니다.
코 줍는 법에 따라 작품의 완성도가 달라지므로 깔끔하게 주워야 합니다.

● 한길긴뜨기 뜨개 바탕에서 코 줍기

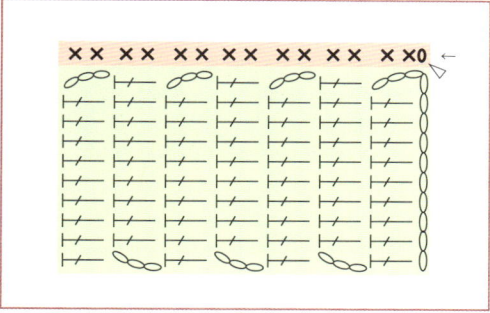

1 뜨개 바탕의 가장자리에 바늘을 넣습니다.

2 바늘에 실을 걸어서 빼냅니다.

3 다시 바늘에 실을 걸고 화살표 방향으로 빼낸 후에 코를 조입니다.

4 기둥코 사슬을 1코 뜨고 화살표처럼 가장자리 첫 코와 2번째 코 사이에 바늘을 넣습니다.

5 가장자리 첫 코에 바늘을 넣고 감싸듯 코를 주워서 짧은뜨기를 합니다.

6 4~5와 같은 방법으로 가장자리 첫 코를 감싸듯 코를 주워서 짧은뜨기를 합니다.

7 1단을 주운 모습입니다.

● 짧은뜨기 뜨개 바탕에서 코 줍기

1 뜨개 바탕 가장자리에 바늘을 넣습니다.

2 바늘에 실을 걸어 빼냅니다.

3 다시 바늘에 실을 걸고 화살표 방향으로 빼낸 후에 코를 조입니다.

4 기둥코 사슬을 1코 뜨고 화살표처럼 가장자리 첫 코를 갈라서 바늘을 넣습니다.

5 짧은뜨기를 합니다.

6 4~5와 같은 방법으로 가장자리 첫 코를 갈라서 바늘을 넣고 짧은뜨기를 합니다.

7 1단을 주운 모습입니다.

● 모눈뜨기 뜨개 바탕에서 코 줍기

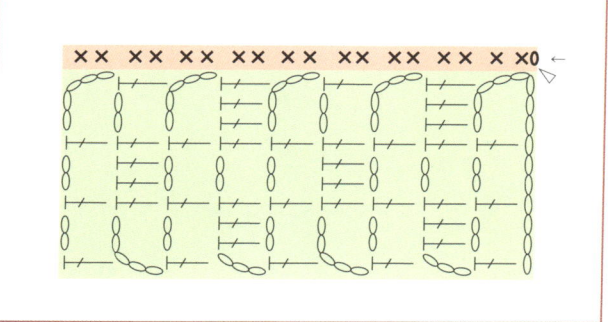

1 한길긴뜨기 뜨개 바탕에서 코를 줍는 경우 (P.67)와 마찬가지로 가장자리 코를 코아래에서 줍습니다.

2 짧은뜨기를 합니다.

3 같은 방법으로 짧은뜨기를 합니다.

4 코가 밀집된 부분도 1~2와 같은 방법으로 코아래에서 주워서 짧은뜨기를 합니다.

5 같은 방법으로 뜹니다.

6 1단을 주운 모습입니다.

● 그물뜨기 뜨개 바탕에서 코 줍기

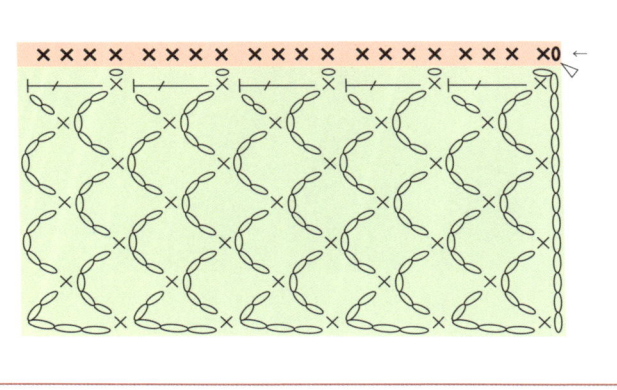

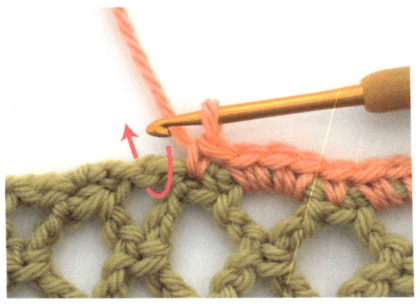

1 '한길긴뜨기 뜨개 바탕에서 코 줍기'(P.67)와 마찬가지로 가장자리 코를 코아래에서 주워서 짧은뜨기를 합니다.

2 같은 방법으로 뜹니다.

3 짧은뜨기 부분에서 코를 줍는 경우는 가장자리 코를 갈라서 바늘을 넣습니다.

4 짧은뜨기를 합니다.

5 그물 부분은 가장자리 코를 코아래에서 주워서 짧은뜨기를 합니다.

6 1단을 주운 모습입니다.

● 뜨개 바탕의 빗면에서 코 줍기

V넥 목둘레 같은 곳에서 코를 줍는 법입니다. 구멍이 생기지 않도록 뜨개 바탕의 가장자리 코를 갈라서 줍습니다

뜨개 바탕의 가장자리 코를 갈라서 바늘을 넣고 짧은뜨기를 합니다.

● 뜨개 바탕의 커브에서 코 줍기

빗면에서 코 줍기와 마찬가지로 구멍이 생기지 않도록 뜨개 바탕 가장자리 코를 갈라서 줍습니다.

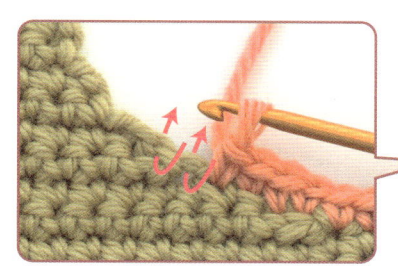
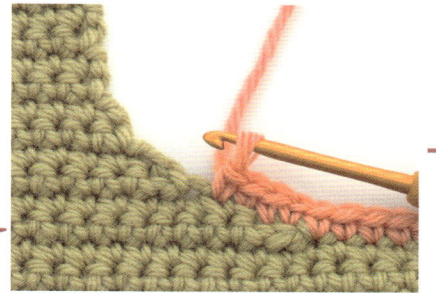
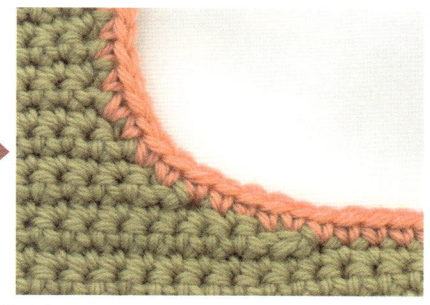

뜨개 바탕의 가장자리 코를 갈라서 바늘을 넣고 짧은뜨기를 합니다.

커브가 깔끔한 곡선이 아닐 때 코 줍기

커브가 깔끔한 곡선이 아닌 경우는 같은 색실로 빼뜨기해 곡선을 정리한 후에 코를 줍습니다.

※ 알아보기 쉽도록 색실을 바꾸었습니다.

1 뜨개 바탕의 가장자리에 빼뜨기를 합니다.

2 깔끔한 곡선이 되도록 빼뜨기를 합니다.

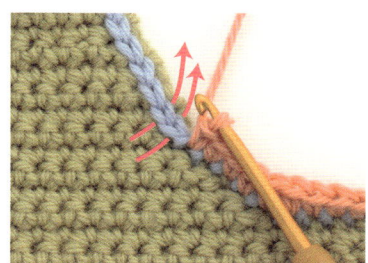

3 1~2에서 뜬 빼뜨기 코를 줍습니다.

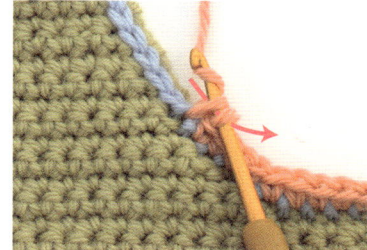

4 짧은뜨기를 합니다.

5 깔끔하게 코를 주웠습니다.

● 스레드 끈에서 코 줍기
※스레드 끈 뜨는 법은 P.100 참고.

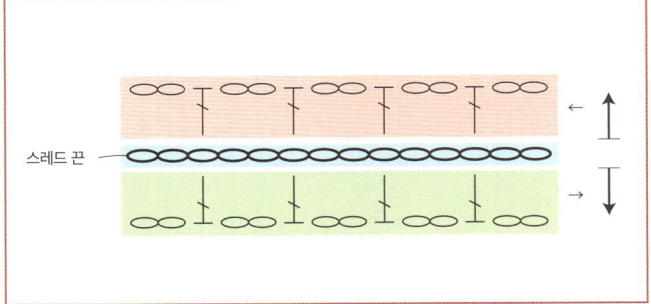

1 화살표처럼 사슬코 2가닥을 주워서 한길긴뜨기를 합니다.

2 한길긴뜨기를 했습니다.

3 끈 반대쪽에서 코를 주울 때는 화살표처럼 바늘을 넣어서 한길긴뜨기를 합니다.

● 브레이드에서 코 줍기

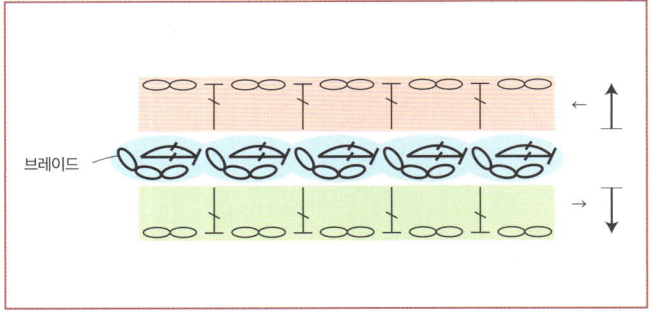

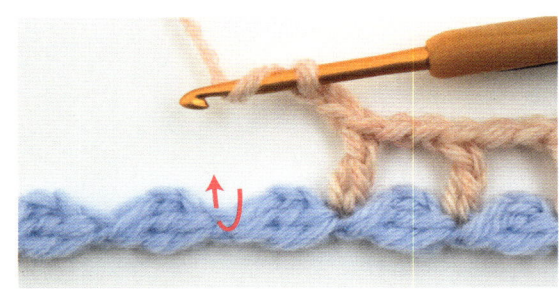

1 브레이드에 화살표처럼 바늘을 넣어서 한길긴뜨기를 합니다.

2 한길긴뜨기를 했습니다.

3 브레이드의 반대쪽에서 코를 주울 때도 1과 같은 자리에 바늘을 넣어서 한길긴뜨기를 합니다.

제 4 장 마무리

뜨개 바탕 뜨기가 끝났다면 다음은 마무리입니다.
이번 장에서는 작품을 완성할 때 필요한 다양한 테크닉을 소개합니다.
마무리법에 따라 작품의 완성도가 크게 달라지므로
잘 익혀두면 좋습니다.

마무리와 꼬리실 정리

뜨개 바탕이 완성되면 코를 막고 뜨개 시작과 끝의 꼬리실을 돗바늘로 정리합니다.
뜨개 바탕의 안면을 통과시키면 깔끔하게 정리가 됩니다.

● 왕복뜨기

뜨개 마지막에 코 막는 법

1 마지막 코를 뜨면 코바늘은 빼고 실꼬리를 10㎝쯤 길이로 자릅니다.

2 코바늘을 뺀 고리 사이로 꼬리실을 넣습니다.

3 꼬리실을 잡아당겨서 코를 조입니다.

돗바늘에 실을 꿰는 요령

뜨개실은 여러 가닥의 실을 꼬아서 만들기 때문에 실 끝부터 돗바늘에 꿰려면 실이 갈라져 꿰기 힘듭니다.
아래 그림과 같은 방법으로 꿰면 손쉽게 바늘귀를 꿸 수 있습니다.

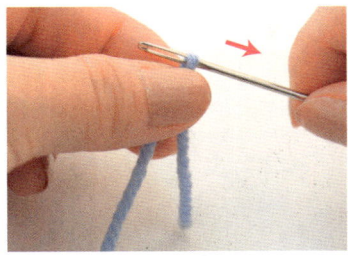
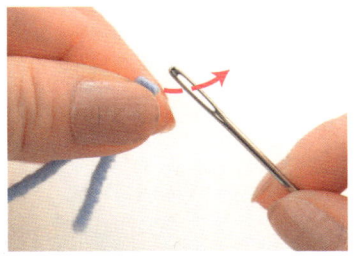

1 실을 접은 다음 접은 실 사이에 돗바늘을 끼우고, 돗바늘이 끼어 있는 곳을 손가락으로 꼭 잡은 채 화살표 방향으로 바늘을 뺍니다.

2 실을 꼭 잡고 실이 접힌 부분을 화살표 방향으로 돗바늘 바늘귀에 넣습니다.

3 바늘귀에 실을 넣은 모습입니다. 접힌 부분부터 바늘귀에 넣으면 실이 잘 갈라지지 않으므로 손쉽게 실을 꿸 수 있습니다.

꼬리실 정리법

뜨개 바탕 가장자리에서 마무리하는 경우

※ 안면도 드러나는 작품은 뜨개 바탕의 가장자리에서 한 땀씩 코를 떠도 좋습니다.

1 꼬리실을 돗바늘에 꿰ㅂ니다.

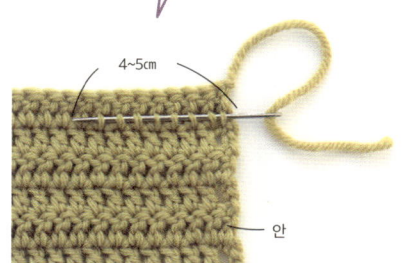

2 뜨개 바탕의 안면에서 돗바늘로 코를 한 땀씩 떠서 4~5cm쯤 실을 통과시킵니다.

3 돗바늘을 제거하고 밖으로 나온 나머지 실을 뜨개 바탕 가까이에서 자릅니다. 뜨개 시작 꼬리실도 같은 방법으로 정리합니다.

뜨개 바탕 중간에서 마무리하는 경우

1 꼬리실을 뜨개 바탕의 안면으로 빼서 가볍게 묶습니다.

2 꼬리실을 돗바늘에 꿰어 뜨개 바탕 안면의 코를 한 땀씩 떠서 4~5cm쯤 실을 통과시킵니다.

3 돗바늘을 제거하고 밖으로 나온 나머지 실을 뜨개 바탕 가까이에서 자릅니다. 다른 한쪽의 꼬리실도 같은 방법으로 정리합니다.

● 원형뜨기

뜨개 마지막 코 막는 법

빼뜨기로 끝나는 경우

1 마지막 코를 뜨면 단 첫 코에 바늘을 넣고 빼뜨기를 합니다.

2 꼬리실을 10cm쯤 남기고 자른 후에 코바늘을 제거하고, 꼬리실을 고리 사이로 넣습니다.

3 꼬리실을 당겨서 코를 조입니다.

제4장 마무리와 꼬리실 정리

사슬 모양으로 연결해서 끝내는 경우

원형뜨기는 뜨개 마지막을 빼뜨기가 아니라 '사슬 모양으로 연결하기'로 마무리하면 더욱 깔끔하게 정리할 수 있습니다.

1 마지막 코를 뜬 후에 실꼬리를 10cm쯤 남기고 실을 자른 후 화살표처럼 코를 잡아당깁니다.

2 코를 잡아당겨서 꼬리실을 빼낸 다음 돗바늘에 꿰입니다.

3 화살표처럼 단 첫 코의 한길긴뜨기 코머리에 돗바늘을 넣습니다.

4 계속해서 돗바늘을 화살표처럼 넣어서 실을 뜨개 바탕의 안면으로 빼냅니다.

5 꼬리실을 잡아당겨서 다른 코의 코머리와 비슷한 크기가 되도록 조정합니다.

6 사슬 모양으로 연결했습니다. 3~5에서 넣은 실이 코머리처럼 보입니다.

꼬리실 정리법

1 꼬리실을 돗바늘에 꿰어 뜨개 바탕 안면을 한 땀씩 떠서 4~5cm 정도 실을 통과시킵니다.

2 돗바늘을 제거하고 밖으로 나온 나머지 실을 뜨개 바탕 가까이에서 자릅니다. 뜨개 시작의 꼬리실도 같은 방법으로 정리합니다.

● 오므려 마무리

뜨개 마지막 코의 코머리에 실을 통과시켜 잡아당기면 뜨개 바탕이 오므라들어 둥글어집니다. 모자나 뜨개 인형을 만들 때 자주 사용하는 방법입니다.

뜨개 마지막 코 막는 법

※ 알아보기 쉽도록 색실을 바꾸었습니다.

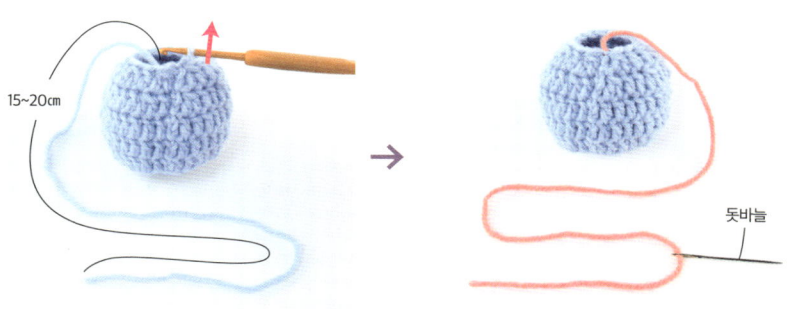
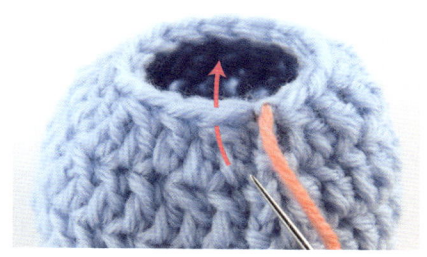

1 마지막 코를 뜨면 꼬리실을 15~20㎝ 남기고 자릅니다. 화살표처럼 고리를 잡아당겨 그대로 꼬리실을 빼낸 후 돗바늘에 꿰웁니다. ※ 꼬리실의 길이는 뜨개 바탕의 길이에 따라 조절하면 됩니다.

2 화살표처럼 마지막 단 코머리의 앞반코 한 가닥을 줍습니다.

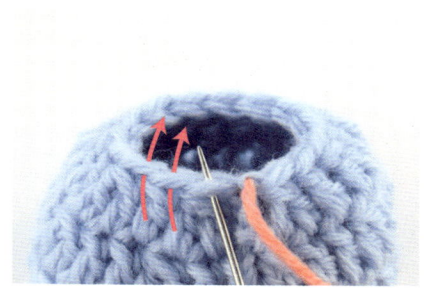

3 같은 방법으로 모든 코를 줍습니다.

4 모든 코를 다 주우면 꼬리실을 잡아당겨 뜨개 바탕을 오므립니다.

5 끝까지 꽉 조인 모습입니다.

꼬리실 정리법

속에 솜이나 채우기 실을 넣는 경우

1 돗바늘을 오므린 코의 가운데로 넣은 후에 바늘 끝을 적당한 곳으로 빼낸 다음에 바늘을 잡아당겨 실을 빼냅니다.

2 뜨개 바탕 가까이에서 실을 자르고 뜨개 바탕을 가볍게 문질러 실끝을 속으로 감춥니다.

뜨개 바탕을 뒤집을 수 있는 경우

뜨개 바탕의 안면을 한 땀씩 떠서 4~5㎝쯤 실을 통과시킨 다음 돗바늘을 제거하고 나머지 실을 뜨개 바탕 가까이에서 자릅니다.

다림질로 정리하기

뜨개 바탕 뜨기가 끝났으면 스팀다리미로 다림질을 해 뜨개코를 균일하게 정돈해 깔끔하게 완성합니다.
※ 다림질하기 전에는 반드시 실 띠지에 쓰여 있는 다림질법을 확인하시기 바랍니다.

1 스팀다리미와 다리미판을 준비합니다.

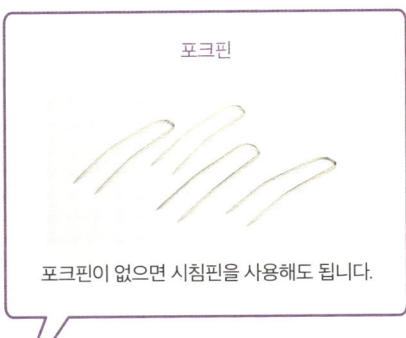

포크핀

포크핀이 없으면 시침핀을 사용해도 됩니다.

뜨개 바탕에 직접 다리미를 대면 뜨개코가 뭉개져 모양새가 나지 않을 수 있으므로 주의!

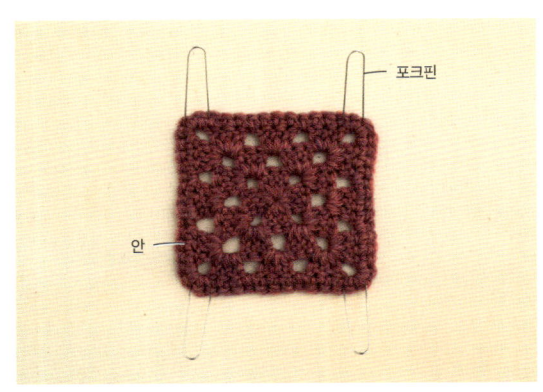

2 다리미판 위에 완성된 뜨개 바탕의 안면이 위를 향하게 놓습니다. 뜨개 바탕의 모양을 정리하면서 군데군데 포크핀으로 다리미판에 고정하면 더욱 깔끔하게 다림질할 수 있습니다.

3 다리미는 직접 뜨개 바탕에 대지 않고 약 3㎝ 띄운 위치에서 전체적으로 뜨거운 증기만 쏘입니다. 그다음에는 그대로 놓아두었다가 뜨개 바탕이 식으면 핀을 제거합니다.

다림질 전

다림질 후

다림질하기 전에는 뜨개 바탕이 꾸깃꾸깃하지만, 다림질한 후에는 깔끔하게 정돈되었습니다.

의류

잇고 꿰매기 전에 부분별로 뜨개 바탕 안면에 꼼꼼하게 다리미로 뜨거운 증기를 쏘입니다. 잇고 꿰매기가 편할 뿐 아니라 작품의 완성도가 올라가므로 정성껏 다림질하시기 바랍니다.

다림질 전

다림질 후

안

잇고 꿰매기가 끝나면 다시 한번 마무리로 다림질을 합니다. 이음매의 안면에 뜨거운 증기를 쏘여 이음매를 정돈합니다.

의류는 작품이 입체적이므로 어깨 다리미판을 사용하면 이음매를 다리기가 편합니다.

어깨 다리미판

원형 작품(모티브 등)

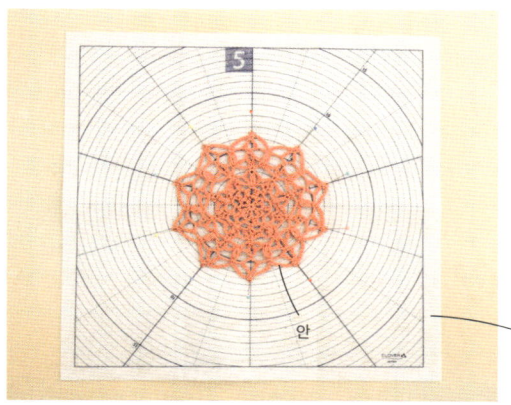

안

원형 작품을 다림질할 때는 안내선이 인쇄된 가이드 시트를 사용하면 편리합니다.

가이드 시트를 다리미판 위에 놓은 다음 그 위에 완성된 뜨개 바탕을 안면이 위를 향하게 올려놓습니다. 뜨개 바탕의 모양을 안내선에 맞추어 정리하면서, 포크핀이나 시침핀으로 고정한 후에 다리미의 증기를 쏘입니다.

― 가이드 시트

잇기

뜨개 바탕 2장의 코와 코를 맞추어서 연결하는 것을 '잇기'라고 합니다.
각각 뜨개 바탕에 알맞은 방법으로 잇습니다.

● **빼뜨기로 잇기** 코바늘을 사용해 코머리를 주워서 빼뜨기합니다.

겉면과 겉면을 맞대고 코머리를 2가닥씩 줍기

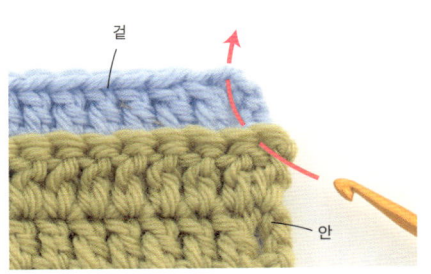

1 뜨개 바탕 2장의 겉과 겉을 맞댄 후에 화살표처럼 가장자리 코의 코머리에 바늘을 넣습니다.

2 바늘에 실을 걸어서 화살표 방향으로 빼냅니다.

3 화살표처럼 바늘을 넣어서 코머리를 2가닥씩 줍습니다.

4 바늘에 실을 걸어서 한 번에 빼냅니다.

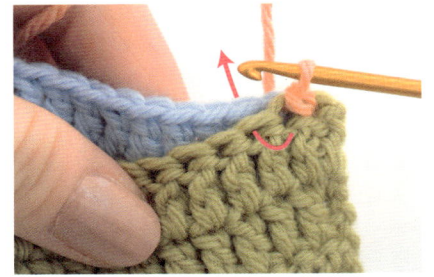

5 바늘을 빼낸 모습입니다. 다음 코에도 같은 방법으로 바늘을 넣어서 빼뜨기를 합니다.

6 같은 과정을 반복합니다.

7 마지막 코까지 빼뜨기한 모습입니다.

8 이음매를 겉에서 본 모습입니다.

● 짧은뜨기로 잇기

코바늘을 사용해 코머리를 주워서 짧은뜨기를 합니다. 이음매가 입체적으로 도드라집니다.

안면과 안면을 맞대고 코머리를 2가닥씩 줍기

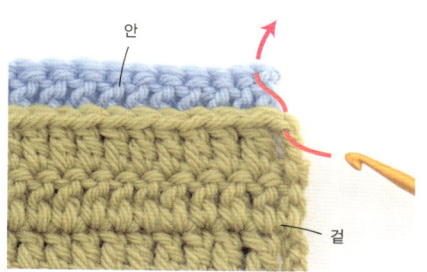

1 뜨개 바탕 2장의 안과 안을 맞댄 후에 화살표처럼 가장자리 코의 코머리에 바늘을 넣습니다.

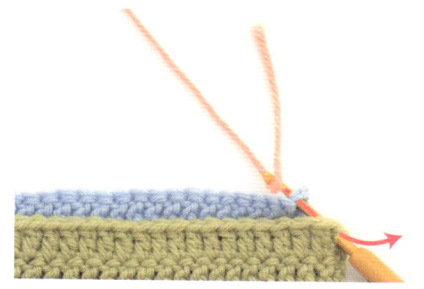

2 바늘에 실을 걸어서 화살표 방향으로 빼냅니다.

3 기둥코 사슬을 1코 뜹니다.

4 화살표처럼 바늘을 넣어서 코머리를 2가닥씩 줍습니다.

5 바늘에 실을 걸어서 화살표 방향으로 빼냅니다.

6 짧은뜨기를 합니다.

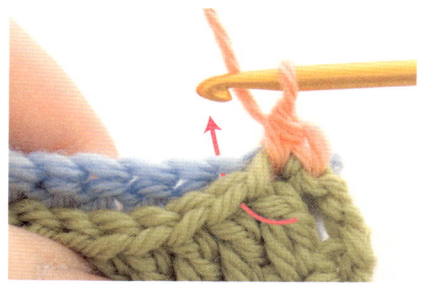

7 짧은뜨기를 한 모습입니다. 다음 코에도 같은 방법으로 바늘을 넣습니다.

8 바늘에 실을 걸어서 빼낸 후에 짧은뜨기를 합니다.

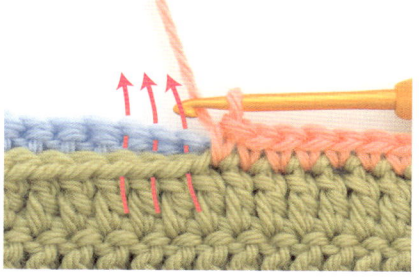

9 같은 과정을 반복합니다.

10 마지막 코까지 뜬 모습입니다.

11 이음매를 겉에서 본 모습입니다. 이음매가 입체적으로 도드라져 보입니다.

● 감침질로 잇기

돗바늘을 사용해 코머리를 2가닥 또는 1가닥씩 주워서 감침합니다.

모든 코를 감침질로 잇기 (겉면과 겉면을 맞대고 코머리를 2가닥씩 줍기)

1 뜨개 바탕 2장의 겉과 겉을 맞댄 후에 돗바늘에 실을 꿰어 화살표 방향으로 가장자리 코에 바늘을 넣습니다.

2 화살표처럼 바늘을 넣어서 코머리 2가닥을 줍습니다.

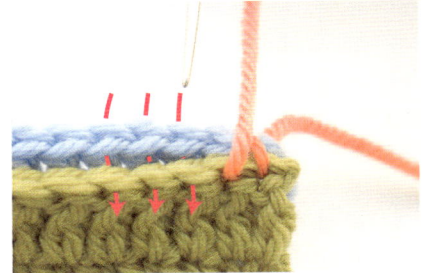

3 다음 코에도 같은 방법으로 바늘을 넣고 실을 잡아당깁니다.

4 같은 과정을 반복합니다.

5 마지막 코는 화살표처럼 바늘을 넣습니다.

6 마지막까지 감침질한 모습입니다.

7 이음매를 겉에서 본 모습입니다.

반코를 감침질로 잇기 (겉면과 겉면을 맞대고 코머리를 1가닥씩 줍기)

1 뜨개 바탕 2장의 겉과 겉을 맞댄 후에 돗바늘에 실을 꿰어 화살표처럼 가장자리 코에 바늘을 넣습니다.

2 화살표처럼 바늘을 넣어서 코머리를 1가닥씩 줍습니다.

3 다음 코에도 같은 방법으로 바늘을 넣고 실을 잡아당깁니다.

4 같은 과정을 반복합니다.

5 마지막 코는 화살표처럼 바늘을 넣습니다.

6 마지막 코까지 감침질한 모습입니다.

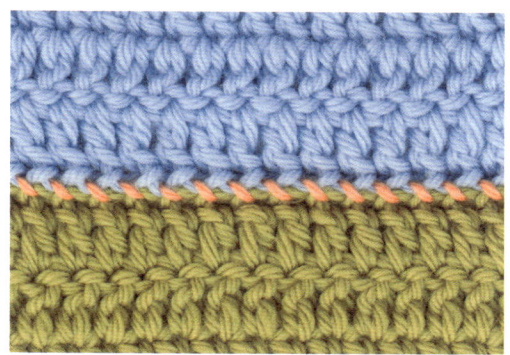

7 이음매를 겉에서 본 모습입니다. P.82의 '모든 코를 감침질로 잇기'와 겉보기에는 같지만, 코머리를 1가닥밖에 줍지 않아서 감침질한 곳이 얇게 마무리됩니다.

반코를 감침질로 잇기 (안면과 안면을 맞대고 코머리를 1가닥씩 줍기)

1 뜨개 바탕 2장의 안과 안을 맞댄 후에 돗바늘에 실을 꿰어 화살표처럼 가장자리 코에 바늘을 넣습니다.

2 화살표처럼 바늘을 넣어서 코머리를 1가닥씩 줍습니다.

3 다음 코에도 같은 방법으로 바늘을 넣고 실을 잡아당깁니다.

4 같은 과정을 반복합니다.

5 마지막 코는 화살표처럼 바늘을 넣습니다.

6 마지막까지 감침질한 모습입니다.

7 이음매를 겉에서 본 모습입니다. 남은 코머리 한 가닥이 줄기 무늬처럼 보입니다.

● 사슬뜨기와 빼뜨기로 잇기

겉면과 겉면을 맞대고 코아래에서 줍기

그물뜨기나 모눈뜨기 같은 뜨개 바탕은 사슬뜨기를 중간중간 하면서 빼뜨기로 잇습니다. 사슬뜨기 콧수는 뜨개 바탕에 맞게 조절합니다.

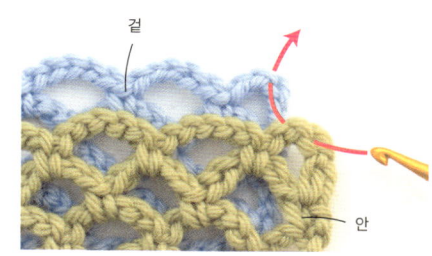

1 뜨개 바탕 2장의 겉과 겉을 맞댄 후에 바늘을 가장자리 코에 넣습니다.

2 코바늘에 실을 걸어서 빼냅니다.

3 다시 코바늘에 실을 걸어서 빼냅니다.

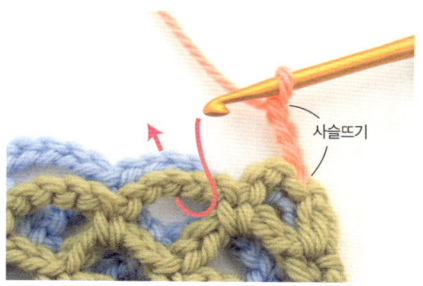

4 계속해서 사슬뜨기를 한 후에 화살표처럼 바늘을 넣어서 뜨개 바탕을 코아래에서 줍습니다.

5 바늘에 실을 걸어서 화살표처럼 한 번에 빼냅니다.

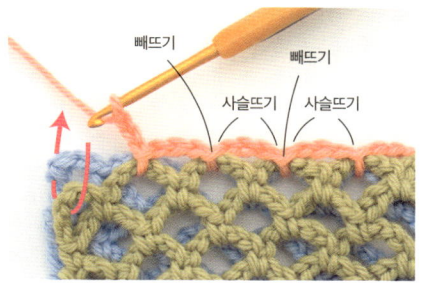

6 사슬뜨기와 빼뜨기를 반복하다가 마지막에는 화살표처럼 바늘을 넣어서 빼뜨기를 합니다.

7 마지막까지 이은 모습입니다.

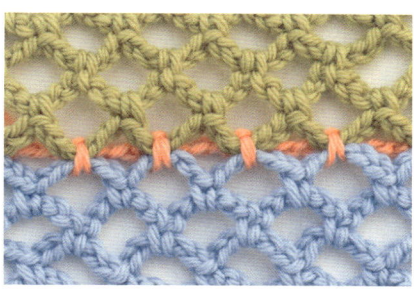

8 이음매를 겉에서 본 모습입니다.

● 사슬뜨기와 짧은뜨기로 잇기

겉면과 겉면을 맞대고 코아래에서 줍기

'사슬뜨기와 빼뜨기로 잇기'와 마찬가지 방법으로 사슬뜨기와 짧은뜨기를 반복해서 뜨개 바탕을 잇습니다.

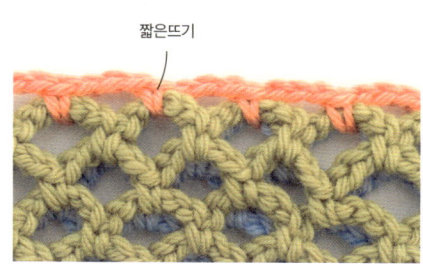

1 '사슬뜨기와 빼뜨기로 잇기'의 빼뜨기를 짧은뜨기로 바꾸어서 뜹니다.

2 이음매를 겉에서 본 모습입니다.

꿰매기

뜨개 바탕 2장을 연결할 때, 코바늘과 돗바늘을 사용해 단(옆선)과 단(옆선)을 연결하는 것을 '꿰매기'라고 합니다.
여기에서는 일반적으로 자주 사용하는 꿰매기를 소개합니다.
뜨개 바탕에 맞는 다양한 꿰매기를 활용해보시기 바랍니다.

● 빼뜨기로 꿰매기

코바늘을 사용해 뜨개 바탕의 가장자리 코를 주워서 빼뜨기합니다.

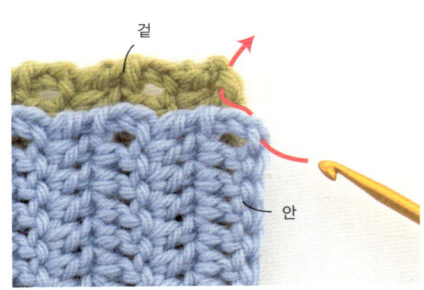

1 뜨개 바탕 2장의 겉면과 겉면을 맞댄 후에 화살표처럼 가장자리 코에 바늘을 넣습니다.

2 코바늘에 실을 걸어서 빼냅니다.

3 화살표처럼 가장자리 코를 갈라서 바늘을 넣습니다.

4 바늘에 실을 걸어서 한 번에 코를 빼냅니다.

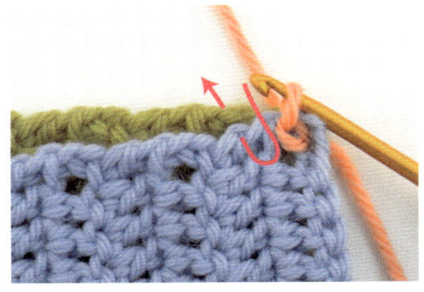

5 실을 빼낸 모습입니다. 계속해서 같은 방법으로 바늘을 넣어서 빼뜨기를 합니다.

6 같은 과정을 반복합니다.

7 마지막까지 빼뜨기를 했습니다.

8 이음매를 겉에서 본 모습입니다.

● 사슬뜨기와 빼뜨기로 꿰매기

코바늘을 사용해 단(옆선)과 단(옆선)의 경계에 바늘을 넣어서 빼뜨기를 합니다. 다음 단의 경계까지 사슬뜨기를 합니다.
사슬뜨기 콧수는 뜨개 바탕에 맞게 조절합니다.

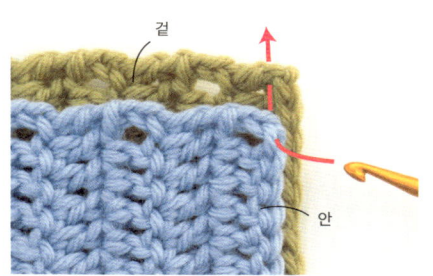

1 뜨개 바탕 2장을 겉과 겉을 맞댄 후에 화살표처럼 가장자리 코에 바늘을 넣습니다.

2 바늘에 실을 걸고 빼냅니다.

3 다시 바늘에 실을 걸어서 빼냅니다.

4 사슬뜨기를 합니다.

5 화살표처럼 단과 단의 경계에 바늘을 넣습니다.

6 바늘에 실을 걸어서 한 번에 빼냅니다.

7 사슬뜨기를 합니다.

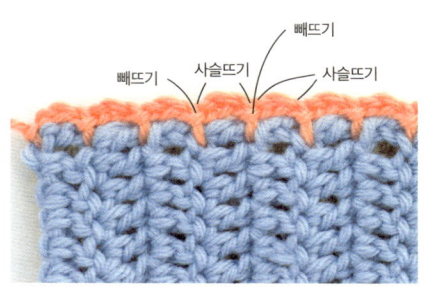

8 같은 방법으로 사슬뜨기와 빼뜨기를 반복합니다.

9 이음매를 겉에서 본 모습입니다.

● 사슬뜨기와 짧은뜨기로 꿰매기

코바늘을 사용해 단(옆선)과 단(옆선)의 경계에 바늘을 넣어서 짧은뜨기를 합니다. 다음 단과 단 경계까지 사슬뜨기를 합니다.
사슬뜨기 콧수는 뜨개 바탕에 맞게 조절합니다.

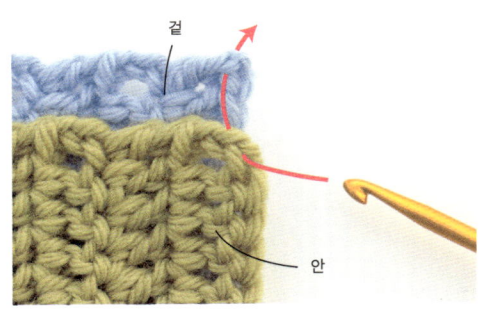

1 뜨개 바탕 2장의 겉과 겉을 맞댄 후에 화살표처럼 가장자리 코에 바늘을 넣습니다.

2 바늘에 실을 걸어서 빼냅니다.

3 다시 바늘에 실을 걸고 빼냅니다.

4 기둥코 사슬을 1코 뜹니다.

5 1과 같은 곳에 바늘을 넣습니다.

6 바늘에 실을 걸어서 빼냅니다.

7 다시 바늘에 실을 걸고 빼내서 짧은뜨기를 합니다.

8 짧은뜨기를 한 모습입니다. 계속해서 사슬뜨기를 합니다.

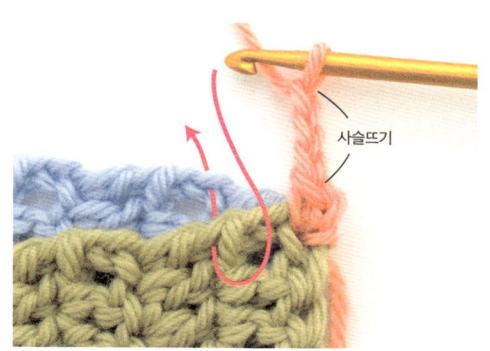

사슬뜨기

9 단과 단의 경계에 바늘을 넣습니다.

10 짧은뜨기를 합니다.

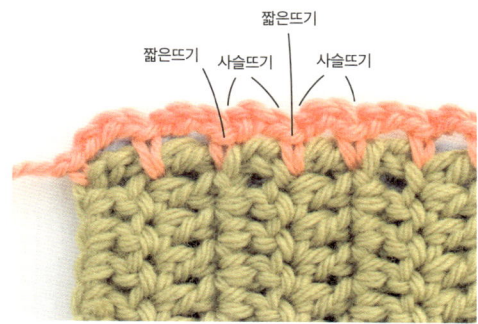

짧은뜨기　짧은뜨기
　　　사슬뜨기　사슬뜨기

11 같은 방법으로 사슬뜨기와 짧은뜨기를 반복합니다.

12 이음매를 겉에서 본 모습입니다.

● 감아서 꿰매기

돗바늘을 사용해 뜨개 바탕을 맞추고 가장자리 코를 번갈아 줍습니다.

짧은뜨기

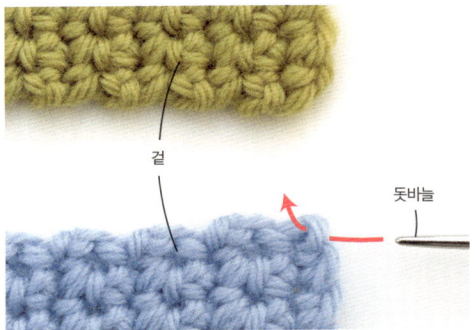

1 뜨개 바탕 2장의 겉을 보면서 연결합니다. 돗바늘에 실을 꿰서 화살표처럼 가장자리 코를 줍습니다.

2 화살표처럼 뜨개 바탕 2장의 코를 번갈아 줍습니다.

3 같은 방법으로 반복합니다. 단의 경계나 코의 뒷면을 번갈아 줍습니다.

4 같은 과정을 반복합니다.

5 중간까지 꿰맨 모습입니다(실제로 꿰맬 때는 실이 보이지 않게 당기면서 진행합니다).

6 마지막까지 꿰맸습니다.

한길긴뜨기

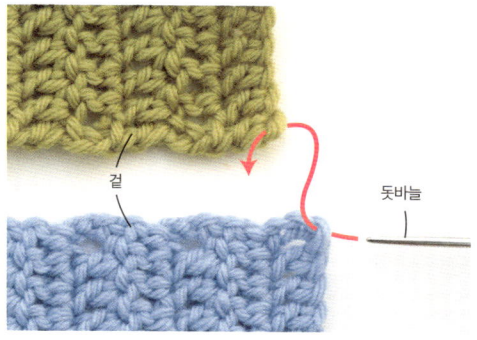

1 뜨개 바탕 2장의 겉을 보면서 꿰맵니다. 돗바늘에 실을 꿰서 화살표처럼 가장자리 코를 줍습니다.

2 화살표처럼 가장자리 코를 번갈아 줍습니다.

3 같은 방법으로 반복합니다. 한길긴뜨기는 단의 높이가 어긋나면 눈에 띄기 때문에, 단과 단의 경계는 반드시 코를 주워서 높이를 맞추도록 합니다.

4 같은 과정을 반복합니다.

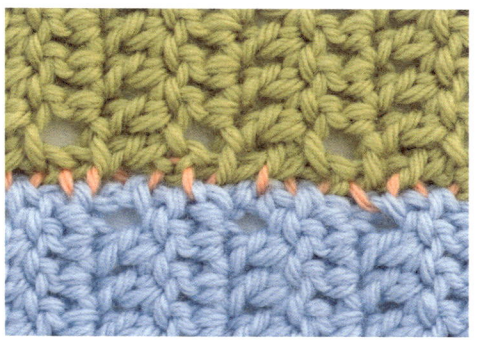

5 중간까지 꿰맨 모습입니다(실제로 꿰맬 때는 실이 보이지 않게 당기면서 진행합니다).

6 이음매를 겉에서 본 모습입니다.

모티브 잇기

모티브는 한 장이 아닌, 여러 장을 연결해 사용하면 작품의 폭이 훨씬 넓어집니다.
연결법에는 '모티브의 마지막 단을 뜨면서 잇는 법'과
'완성한 모티브를 나중에 잇는 법'이 있습니다.
각각 모티브의 형태나 뜨개 바탕에 알맞은 방법으로 연결하면 됩니다.

● 모티브의 마지막 단을 뜨면서 잇는 법

빼뜨기로 잇기

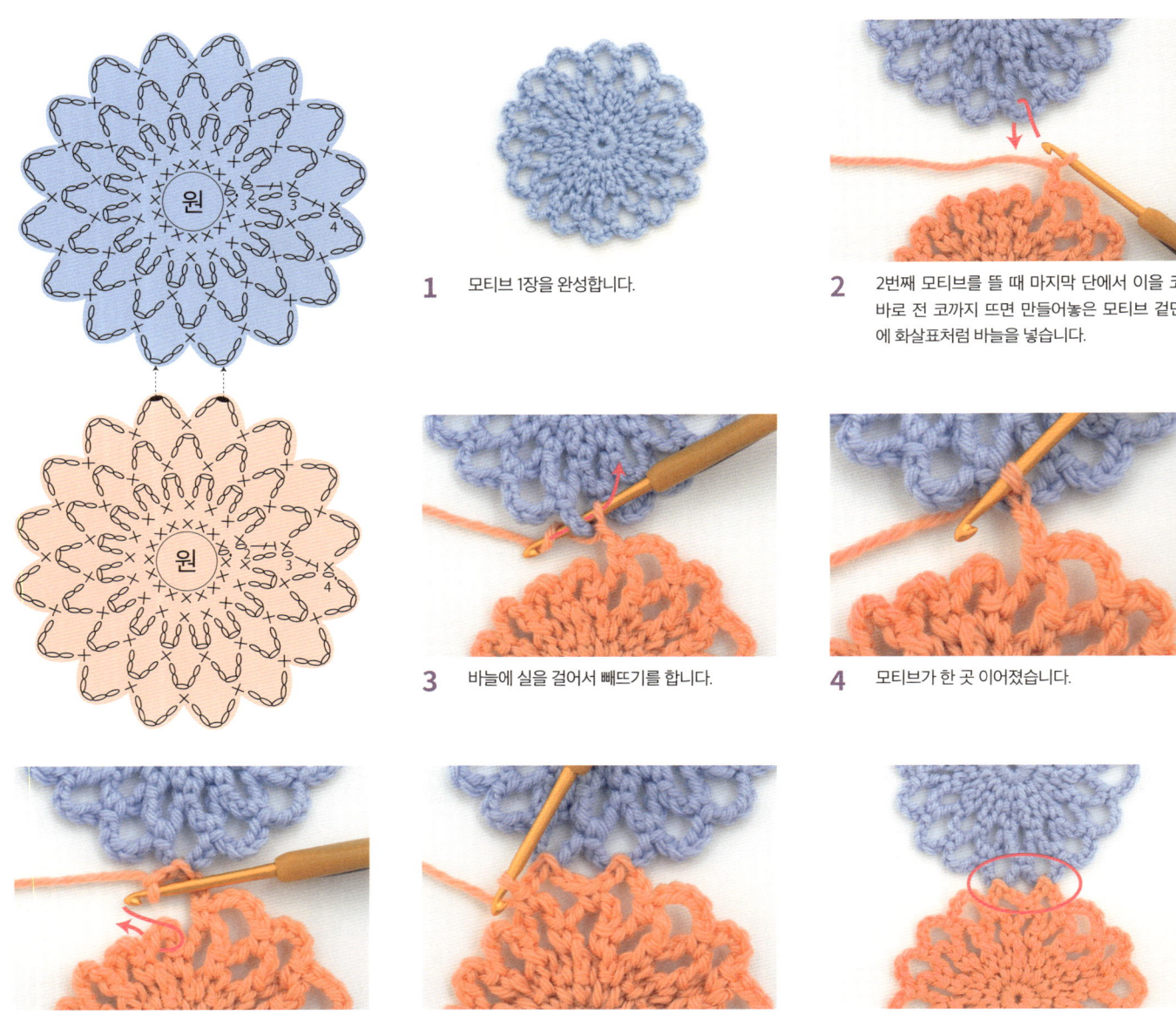

1 모티브 1장을 완성합니다.

2 2번째 모티브를 뜰 때 마지막 단에서 이을 코 바로 전 코까지 뜨면 만들어놓은 모티브 겉면에 화살표처럼 바늘을 넣습니다.

3 바늘에 실을 걸어서 빼뜨기를 합니다.

4 모티브가 한 곳 이어졌습니다.

5 계속해서 사슬뜨기를 2코 뜬 후에 모티브 뜨기를 이어갑니다.

6 같은 방법으로 다른 한 곳도 연결한 후에 마지막 단의 나머지 부분을 완성합니다.

7 모티브 2장이 이어졌습니다.

빼뜨기로 잇기 (바늘을 빼서 연결하는 방법)

바늘을 빼서 연결하는 방법과 바늘을 빼지 않고 그대로 연결하는 방법(P.92)은 이음매를 보면, 한눈에 구별할 수 있습니다.

1 모티브 한 장을 완성합니다.

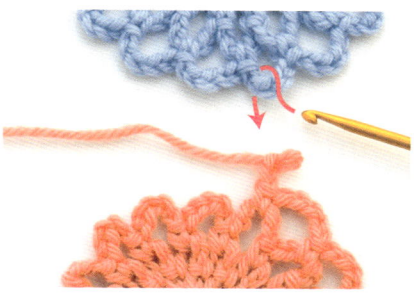

2 2번째 모티브를 뜹니다. 마지막 단에서 이을 코 바로 전 코까지 뜨면 바늘을 빼고 만들어놓은 모티브 겉면에 화살표처럼 바늘을 넣습니다.

3 바늘을 뺐던 코에 다시 한번 바늘을 끼우고 화살표처럼 빼냅니다.

4 바늘에 실을 걸어서 화살표 방향으로 빼냅니다.

5 모티브가 한 곳 이어졌습니다.

6 계속해서 사슬뜨기를 2코 뜬 후에 모티브를 이어서 뜹니다.

7 모티브의 마지막 단을 뜹니다.

8 같은 방법으로 다른 한 곳도 연결한 다음 마지막 단의 나머지 부분을 완성합니다.

9 모티브 2장이 이어졌습니다.

제4장 모티브 잇기

짧은뜨기로 잇기

1 모티브 한 장을 완성합니다.

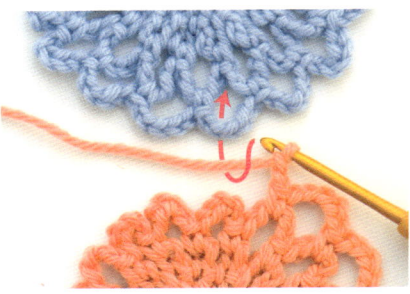

2 2번째 모티브를 뜨다가 마지막 단에서 이을 코의 바로 전 코까지 뜨면 만들어놓은 모티브의 안면에 화살표처럼 바늘을 넣습니다. 이때 바늘은 뜨는 실 아래를 통과합니다.

3 바늘에 실을 걸어서 화살표 방향으로 빼냅니다.

4 다시 바늘에 실을 걸고 화살표 방향으로 빼내서 짧은뜨기를 완성합니다.

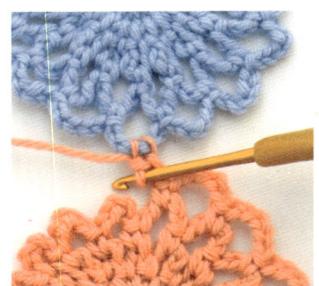

5 모티브 한 곳이 이어졌습니다.

6 계속해서 모티브를 뜹니다.

7 같은 방법으로 다른 한 곳도 연결한 후 마지막 단의 나머지 부분을 완성합니다.

8 모티브 2장이 이어졌습니다.

코머리에서 잇기

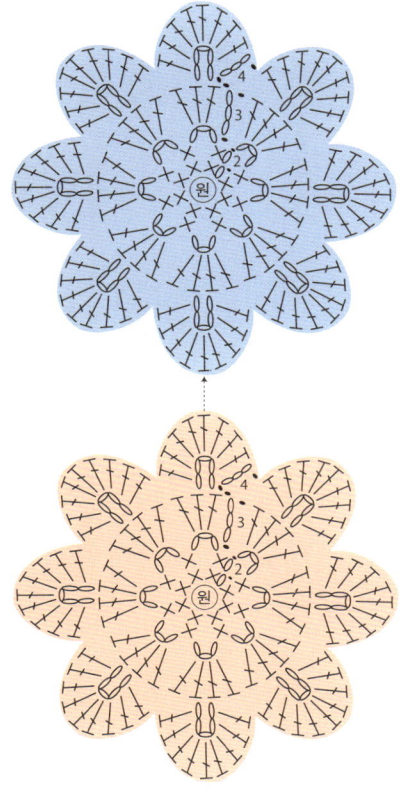

1 모티브 한 장을 완성합니다.

2 2번째 모티브를 뜹니다. 마지막 단에서 이을 코까지 뜨면 일단 바늘을 빼고, 만들어놓은 모티브의 이을 코에 화살표처럼 바늘을 넣습니다.

3 바늘을 뺐던 코에 다시 한번을 바늘을 끼우고 화살표처럼 빼냅니다.

4 바늘을 빼낸 모습입니다. 모티브가 이어졌습니다.

5 계속해서 모티브를 뜹니다. 바늘에 실을 걸어서 한길긴뜨기를 1코 떴습니다.

6 한길긴뜨기를 한 모습입니다. 모티브의 마지막 단을 완성합니다.

7 모티브 2장이 이어졌습니다.

한길긴뜨기 코머리에서 잇기

1 모티브 한 장을 완성합니다.

2 2번째 모티브를 뜹니다. 마지막 단에서 이을 코까지 뜨면, 만들어놓은 모티브의 한길긴뜨기 코머리 2가닥에 화살표처럼 바늘을 넣습니다.

3 바늘에 실을 걸어서 화살표처럼 2번째 모티브에 바늘을 넣습니다.

4 다시 바늘에 실을 걸어서 화살표 방향으로 빼냅니다.

5 바늘에 실을 걸고 화살표 방향으로 고리를 2개만 빼냅니다.

6 다시 바늘에 실을 걸고 화살표 방향으로 나머지 고리를 모두 빼냅니다.

7 한길긴뜨기를 했습니다. 모티브가 한길긴뜨기 코머리에서 이어졌습니다. 다음 코도 같은 방법으로 바늘을 넣습니다.

8 바늘에 실을 걸어서 한길긴뜨기를 합니다.

9 같은 과정을 반복해 모티브를 연결하면서 마지막 단의 나머지 부분을 완성합니다.

10 모티브 2장이 이어졌습니다.

● 모티브를 완성한 후에 잇는 법

감침질로 잇기

모든 코를 감침질로 잇기
(P.82 참고)

1   돗바늘에 실을 꿰고 화살표처럼 바늘을 넣어서 코머리 2가닥을 줍습니다.

2   이음매를 겉에서 본 모습입니다. 2가닥을 주워서 이음매가 튼튼하고 안정감이 있습니다.

반코를 감침질로 잇기
(P.84 참조)

1   돗바늘에 실을 꿰고 화살표처럼 바늘을 넣어서 코머리 1가닥을 줍습니다.

2   이음매를 겉에서 본 모습입니다. 남은 코머리 한 가닥이 줄기 무늬처럼 보입니다.

빼뜨기로 잇기
(P.80 참조)

1   모티브 2장을 안면과 안면을 맞댄 다음 화살표처럼 바늘을 넣습니다. 코머리를 2가닥씩 주워서 빼뜨기를 합니다.

2   이음매를 겉에서 본 모습입니다. 이음매가 도드라져서 테두리처럼 보입니다.

짧은뜨기로 잇기
(p.81 참조)

1   모티브 2장을 안면과 안면을 맞댄 다음 화살표처럼 바늘을 넣습니다. 코머리를 2가닥씩 주워서 짧은뜨기를 합니다.

2   이음매를 겉에서 본 모습입니다. 이음매가 도드라지고 두툼한 테두리가 완성되었습니다.

단춧구멍 내는 법과 단추 다는 법

● 단춧구멍
단춧구멍을 내는 법은 뜨개 바탕을 뜨면서 만드는 법과 뜨개 바탕이 완성된 후에 만드는 법이 있습니다.

짧은뜨기 뜨개 바탕에 단춧구멍 내기

※ 알아보기 쉽게 색실을 바꾸었습니다.

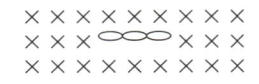

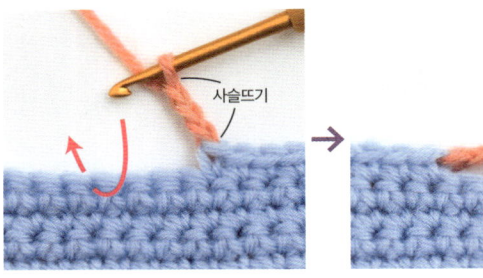

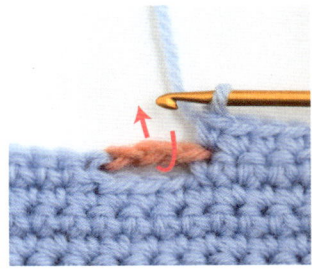

1 단춧구멍을 낼 위치에 사슬뜨기를 정해진 콧수만큼 합니다. 계속해서 사슬뜨기 콧수만큼 앞단의 코를 건너뛰고 화살표처럼 바늘을 넣고 짧은뜨기를 합니다.

2 다음 단에서는 1에서 만든 사슬을 코아래에서 주워서 짧은뜨기를 합니다.

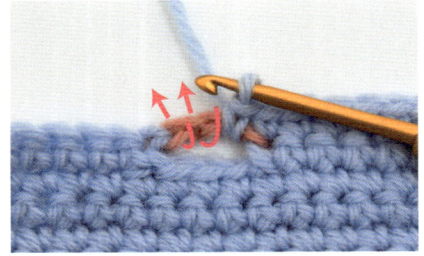

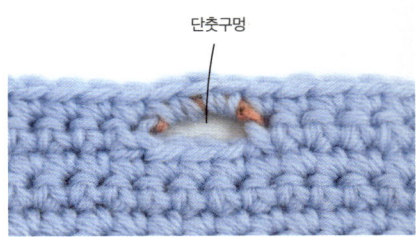

3 짧은뜨기를 1코 떴습니다. 같은 방법으로 짧은뜨기를 정해진 콧수만큼 뜹니다.

4 계속해서 앞단의 코머리에 화살표처럼 바늘을 넣고 짧은뜨기를 합니다.

5 구멍이 뚫린 부분이 단춧구멍이 됩니다.

버튼홀 스티치로 고리 만들기
※ 알아보기 쉽게 색실을 바꾸었습니다.

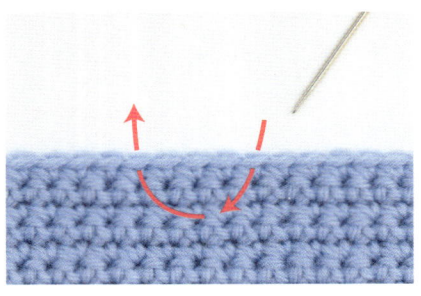

1 돗바늘에 실을 꿰어 단추 고리를 만들 위치에 코머리 2가닥을 화살표처럼 줍습니다.

2 계속해서 처음에 바늘을 넣은 곳과 같은 코에 바늘을 넣습니다.

3 뜨개 바탕 안쪽과 뒤쪽에 실을 걸쳤습니다. 이것이 단추 고리의 심실이 됩니다.

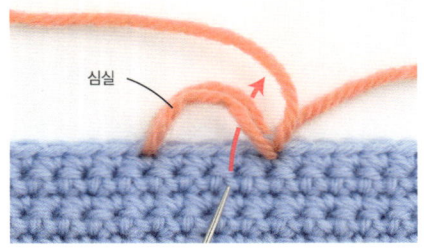

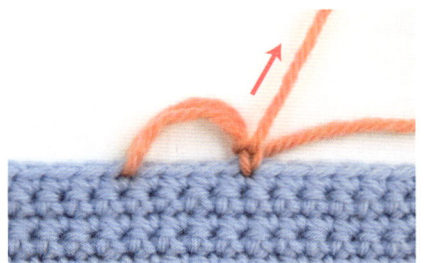

4 심실 2가닥을 겹쳐서 화살표처럼 바늘을 넣습니다(심실의 길이는 단추의 크기에 따라 조절합니다).

5 바늘 끝에 화살표처럼 실을 겁니다.

6 그대로 바늘을 위쪽으로 빼서 실을 가볍게 당깁니다.

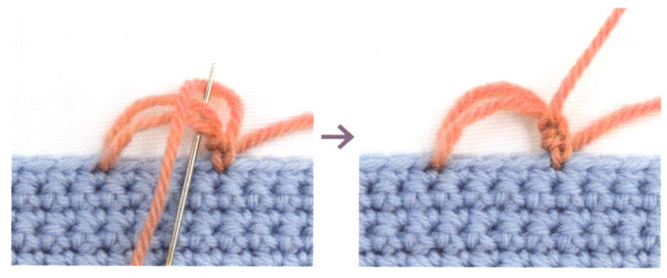 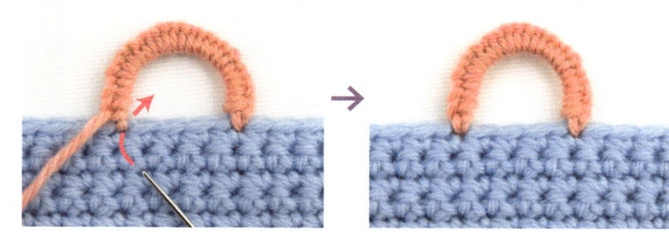

7 4~6을 반복합니다.

8 심실이 보이지 않을 때까지 반복해서 마지막에는 화살표처럼 심실이 지나간 곳과 같은 코에 바늘을 넣어서 안쪽 면에서 실을 정리합니다.

● 단추 다는 법

단추를 달 때는 뜨개실을 사용하지만 실이 두꺼우면 '가른 실'을 사용합니다. 실의 강도가 약한 경우에는 '단추 다는 실'이나 꼬임이 강한 실을 사용합니다.

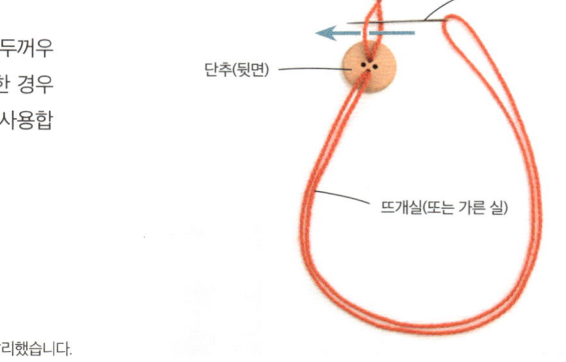

1 돗바늘에 뜨개실(또는 가른 실)을 꿰서 실끝을 묶은 다음 단추의 구멍에 넣습니다.

※ 알기 보기 쉽도록 뜨개 바탕 색실과 단추 다는 색실을 달리했습니다.

2 단추 달 위치에 꿰맵니다.

3 뜨개 바탕과 단추 사이에 실을 감습니다(감는 횟수는 뜨개 바탕의 두께에 맞게 조절합니다).

4 뜨개 바탕의 두께만큼 실기둥의 높이를 조절한 뒤 안쪽 면에서 매듭을 짓습니다.

가른 실 뜨개실의 꼬임을 풀어 적당한 굵기가 되도록 실가닥 수를 조절한 후, 필요 없는 실가닥을 분리하고 남은 실을 다시 꼽니다.

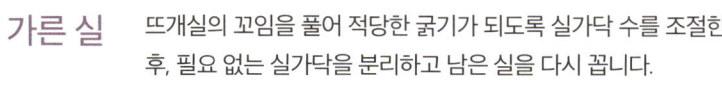

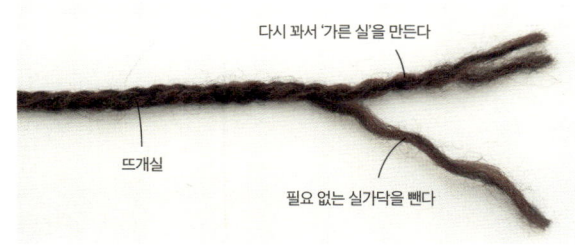 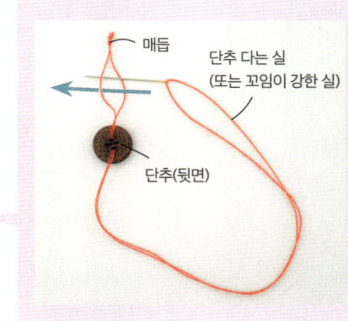

뜨개실이 약한 경우에는 '단추 다는 실'이나 '꼬임이 강한 실'을 사용하면 됩니다.

끈 뜨기

● 빼뜨기 끈

1 사슬뜨기를 필요한 콧수만큼 뜹니다(코가 너무 빡빡하지 않도록 조심합니다).

2 화살표처럼 사슬의 코산 1가닥에 바늘을 넣습니다.

3 바늘에 실을 걸어서 한 번에 빼냅니다.

4 빼뜨기를 했습니다. 다음 코도 같은 방법으로 바늘을 넣어서 빼뜨기를 합니다.

5 같은 방법으로 1코씩 빼뜨기를 진행합니다.

6 마지막 코까지 빼뜨기를 했습니다.

● 스레드 끈

실꼬리 쪽
(완성 길이의 3배)

1 실꼬리를 완성될 끈 길이의 3배 정도로 남겨두고 실을 왼손가락에 겁니다. 바늘을 실 뒤쪽에 대고 화살표처럼 한 바퀴 돌려 바늘에 실을 감습니다.

2 바늘에 실을 걸어서 빼냅니다.

3 실꼬리를 바늘 앞에서 뒤로 겁니다.

4 화살표처럼 바늘에 실을 겁니다.

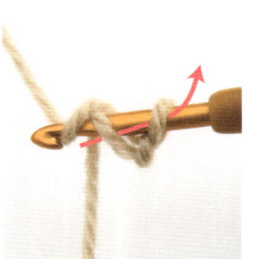
5 한 번에 빼냅니다.

6 같은 방법으로 3~5의 과정을 반복합니다.

7 마지막에 바늘에 걸린 고리를 빼내고 실을 정리합니다.

● 새우뜨기 끈

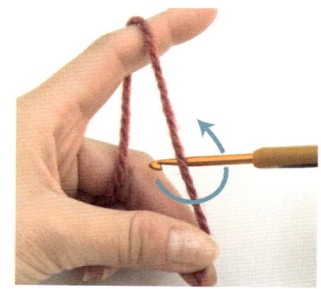
1 코바늘을 실 뒤쪽에 대고 화살표처럼 한 바퀴 돌려 바늘에 실을 감습니다.

2 바늘에 실을 걸어서 빼냅니다.

3 실을 빼낸 모습입니다. 첫 고리는 조이지 않고 느슨하게 둡니다.

4 사슬을 1코 뜨고 화살표처럼 첫 고리에 바늘을 넣어서 실을 빼냅니다.

5 바늘에 실을 걸어서 한 번에 빼냅니다.

6 실을 빼낸 모습입니다. 꼬리실을 잡아당겨 첫 고리를 조여줍니다.

7 코바늘을 오른손에 쥔 채로 뜨개바탕을 화살표 방향으로 돌립니다.

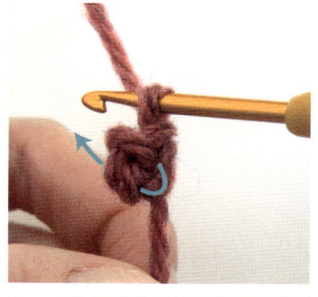
8 화살표처럼 실 2가닥을 감싸듯이 바늘을 넣습니다.

9 실을 걸어서 화살표처럼 빼냅니다.

10 바늘에 실을 걸어서 한 번에 빼냅니다.

11 코바늘을 오른손에 쥔 채로 뜨개바탕을 화살표 방향으로 돌립니다.

12 화살표처럼 실 2가닥을 감싸듯이 바늘을 넣고 실을 걸어서 빼냅니다.

13 바늘에 실을 걸고 한 번에 빼냅니다.

14 같은 방법으로 11~13의 과정을 반복합니다.

15 마지막에는 바늘에 걸린 고리를 잡아당겨서 마무리합니다.

그 밖의 테크닉

주로 작품 장식이나 작품의 포인트로 사용하는 기술을 소개합니다.
이것도 뜨개 기술의 하나로 기억해두면 편리합니다.

● 프린지 다는 법

※ 알아보기 쉽도록 뜨개 바탕의 색실과 프린지용 색실을 달리했습니다.

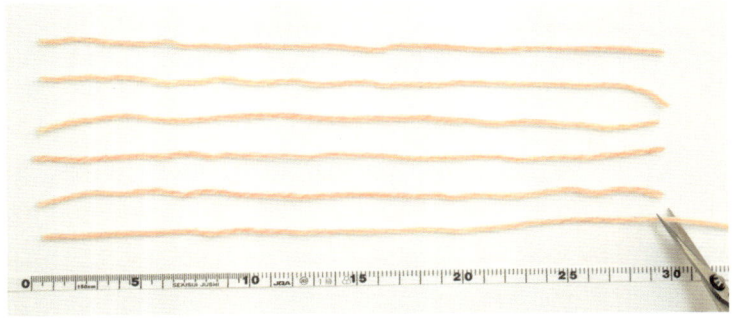

1 프린지용 실을 원하는 길이로 자르고 필요한 가닥수(1다발에 필요한 실의 가닥수 × 프린지 수)를 준비합니다.

2 자른 실을 1다발의 가닥수만큼 모아서 반으로 접습니다.

3 프린지를 다는 위치의 코에 뜨개 바탕 안에서 겉으로 코바늘을 넣습니다.

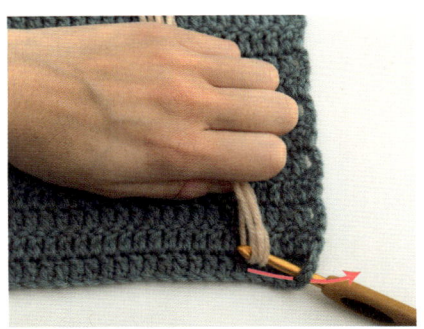

4 반으로 접은 프린지용 실을 한꺼번에 코바늘에 걸고 화살표처럼 빼냅니다.

5 안으로 빼낸 고리 사이에 화살표처럼 실끝을 넣습니다.

6 화살표 방향으로 실끝을 잡아당깁니다.

7 프린지를 1곳에 달았습니다.

8 모든 프린지를 달면 정해진 길이로 실끝을 잘라서 정리해줍니다.

● 폼폼 만들기

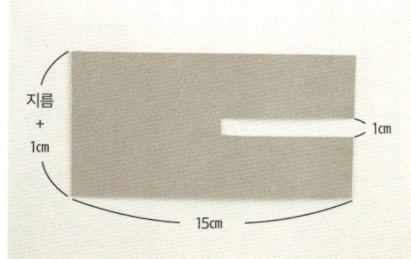

1 두꺼운 종이를 사진과 같은 모양으로 자릅니다.

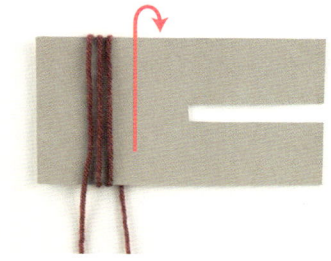

2 두꺼운 종이의 왼쪽에 정해진 횟수만큼 실을 감습니다.

3 정해진 횟수만큼 감은 모습입니다. 실을 자릅니다.

※ 알아보기 쉽도록 색실을 바꾸었습니다.

4 감은 실을 두꺼운 종이의 오른쪽으로 옮깁니다.

5 40~50cm로 자른 뜨개실 2가닥을 두꺼운 종이의 잘린 틈새로 넣어 2번 감은 다음 단단하게 조인 후 2번 묶습니다.

6 실뭉치를 두꺼운 종이에서 빼냅니다.

실의 강도가 약하면 뜨개실이 아니라 튼튼한 겹사 등으로 묶으면 좋습니다.

7 실뭉치의 고리가 된 부분을 위아래 모두 가위로 자릅니다.

8 정해진 지름이 될 때까지 실뭉치가 원 모양이 되도록 실끝을 정리해줍니다. 이때 가운데 묶은 실은 자르지 않도록 주의합니다.

9 폼폼이 완성되었습니다. 가운데 묶은 실을 사용해 모자 등에 장식합니다.

실 2가닥으로 만드는 경우

실을 2가닥 준비해서 같은 방법으로 두꺼운 도화지에 정해진 횟수만큼 감아 폼폼을 만듭니다.
(3가닥 이상의 실로 만드는 경우도 마찬가지입니다.)

 →

제4장 그 밖의 테크닉

● 테슬 만들기

※ 알아보기 쉽도록 색실을 바꾸었습니다.

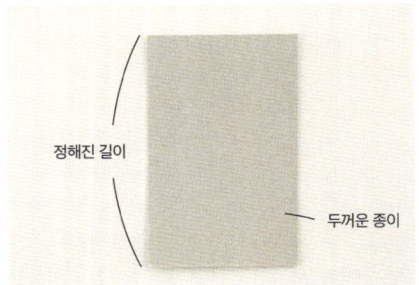

1 두꺼운 종이를 정해진 길이로 자릅니다.

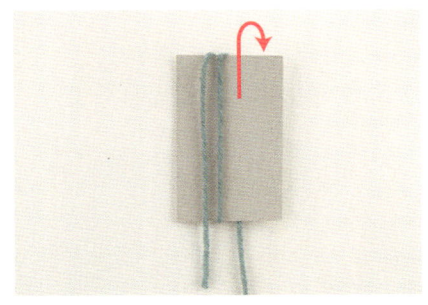

2 두꺼운 종이에 정해진 횟수만큼 실을 감습니다.

3 지정된 횟수만큼 감으면 실을 자릅니다. 약 30㎝ 길이로 자른 뜨개실 2가닥을 준비해 실뭉치와 두꺼운 종이 사이에 넣고 위쪽에서 단단하게 2번 묶어줍니다.

4 단단하게 2번 묶었습니다.

5 실뭉치를 두꺼운 종이에서 빼냅니다.

6 약 30㎝로 자른 뜨개실 2가닥을 준비해 위에서 정해진 길이만큼 간격을 두고 2~3번 감은 다음 단단하게 2번 묶습니다.

7 실뭉치의 밑 부분을 가위로 자릅니다.

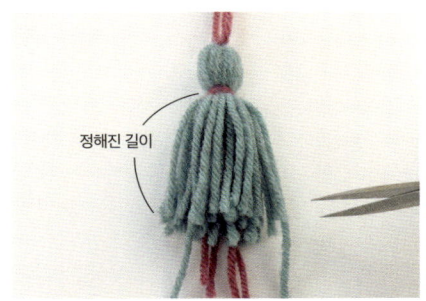

8 6에서 묶은 실과 함께 정해진 길이만큼 실끝을 잘라 정리합니다. 이때 위쪽에 묶은 실은 자르지 않도록 조심합니다.

9 테슬이 완성되었습니다. 위쪽에 묶은 실을 사용해서 뜨개 바탕에 연결합니다.

제 5 장 작품 만들기

기본기를 익혔으면 작품을 만들어봐야겠지요.
실제로 작품을 만들면서 코바늘뜨기를 더욱 확실하게 마스터할 수 있습니다.
이번 장에서는 기본 기술을 사용해 만들 수 있는 작품을 소개합니다.
지금까지 앞 장에서 나온 뜨개법과 다음 장에 나오는 뜨개 기호를 보면서
바로 작품을 만들어보시기를 바랍니다.

제5장 작품 만들기

1

a
b
c

뜨는 법
107쪽

꽃모양 모티브 브로치와 머리끈

꽃잎을 겹쳐서 입체감 있는 꽃모양 모티브는
적은 실로 부담 없이 뜰 수 있으므로 꼭 한번 도전해보시기 바랍니다.
이파리를 붙이거나 꽃잎의 단수를 바꾸어보면서….
취향에 맞게 변형해가면서 코바늘뜨기를 즐길 수 있습니다.

디자인 / Sachiyo * Fukao
사용실 / 하마나카 포므 릴리 <후르츠 천연 염색>

106쪽 1 꽃모양 모티브 브로치와 머리끈

● 사용실
하마나카 포므 릴리 <후르츠 천연 염색>
a 살구(502) 5g
  멜론(504) 2g
b 서양배(501) 3g
c 레몬(503) 5g

● 도구
코바늘 5/0호

● 그 밖의 재료
a·b 브로치 핀(25㎜) 각 1개
c 머리끈

● 완성 크기
a 가로 9.5㎝, 세로 9㎝
b 모티브 가로 6㎝, 세로 5.5㎝
c 가로 7㎝, 세로 6.5㎝

● 뜨는 법
1. 실로 원을 만드는 시작코로 꽃모양 모티브를 뜹니다.
2. a는 사슬뜨기 시작코로 이파리를 만듭니다.
3. a는 꽃모양 모티브에 이파리를 꿰맨 다음 꽃모양 모티브 안면에 브로치 핀을 꿰맵니다. b는 꽃모양 모티브 안면에 브로치 핀, c는 머리끈을 꿰맵니다.

a·b·c 꽃모양 모티브 뜨개 도안
a 살구 b 서양배 c 레몬
5/0호 코바늘

※ b는 6단까지.

※ 3·5·7단의 짧은뜨기는 앞단을 건너뛰고 앞앞단의 짧은뜨기에 한다
(앞단에서 짧은뜨기를 했던 코에 바늘을 넣어 뜬다).

a 이파리 뜨개 도안
(2장)
멜론
5/0호 코바늘

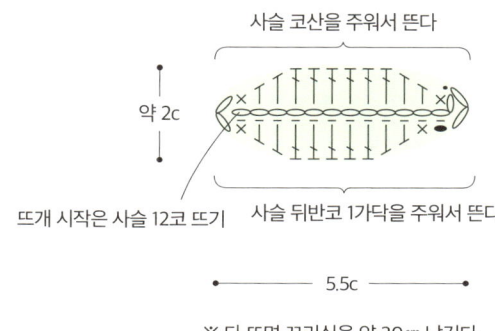

사슬 코산을 주워서 뜬다
약 2c
뜨개 시작은 사슬 12코 뜨기
사슬 뒤반코 1가닥을 주워서 뜬다
5.5c

※ 다 뜨면 꼬리실을 약 30㎝ 남긴다.

b 마무리

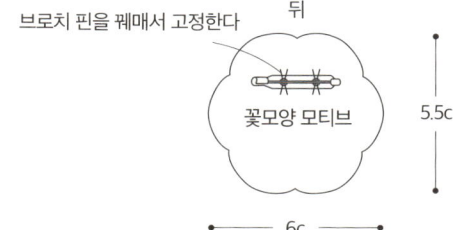

브로치 핀을 꿰매서 고정한다
뒤
꽃모양 모티브
5.5c
6c

a 마무리

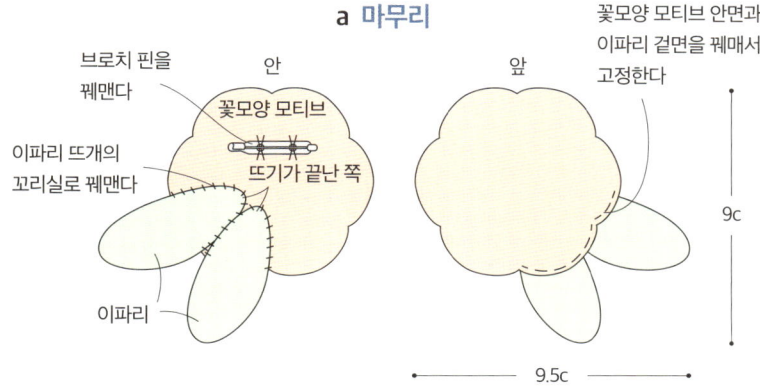

브로치 핀을 꿰맨다
안
꽃모양 모티브
뜨기가 끝난 쪽
이파리 뜨개의 꼬리실로 꿰맨다
이파리
앞
꽃모양 모티브 안면과 이파리 겉면을 꿰매서 고정한다
9c
9.5c

c 마무리

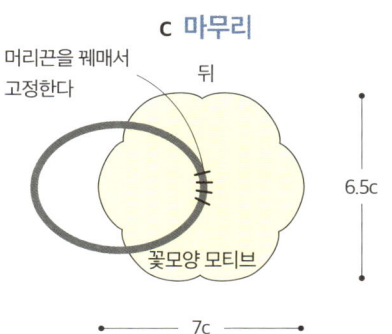

머리끈을 꿰매서 고정한다
뒤
꽃모양 모티브
6.5c
7c

제5장 작품 만들기

뜨는 법 112쪽

2

모티브를 이어서 만드는 테이블 매트

긴뜨기와 짧은뜨기로 만드는 사각 모티브는 코바늘뜨기에서 가장 기본인 모티브입니다.
배색뜨기로 뜨면서 이어 테이블 매트를 완성했습니다.
색 배열에 따라 분위기가 달라지므로 다양한 색 변화를 즐기실 수 있습니다.

디자인 / 구토미 모토코
사용실 / 퍼피 코튼 코나

3

코스터

그래니 모티브 하나로 코스터를.
한가운데에 꽃이 핀 듯한 이미지입니다.

뜨는 법 112쪽

디자인 / 구토미 모토코
사용실 / 퍼피 코튼 코나

제5장 작품 만들기

4

뜨는 법
114쪽

a

b

타원형 소품 바구니

바닥에서 둥글게 둥글게 짧은뜨기한 타원 모양 소품 바구니.
같은 뜨개법으로 a는 투톤 컬러, b는 줄무늬로 완성했습니다.
짧은뜨기를 마스터하기에 안성맞춤인 작품입니다.

디자인 / 나카야마 사야카
사용실 / DARUMA 스트라이프

제 5 장

작품 만들기

110

구슬뜨기 모자

방울방울 앙증맞은 구슬뜨기 뜨개 바탕이 깜찍한
모자는 누구에게나 인기 있는 디자인.
뜨개실로 만든 큼지막한 폼폼이 포인트입니다.

5

디자인 / 다카하시 사에
사용실 / 하마나카 아란 트위드

뜨는 법
115쪽

배색무늬뜨기 핸드워머

짧은뜨기로 삼각형을 만드는 배색무늬뜨기 핸드워머.
일자로 왕복뜨기를 하면서 엄지손가락 구멍만 남기고
꿰매면 쉽게 완성할 수 있습니다.

6

뜨는 법
116쪽

디자인 / 하시모토 마유코
사용실 / DARUMA 소프트 램

제 5 장

작품 만들기

제5장 작품 만들기

108쪽 **2 모티브를 연결한 테이블 매트**
3 코스터

● **사용실**
퍼피 코튼 코나

2	오프화이트(2)	25g
	베이지(64)	20g
	노랑(52)	15g
	카키(51)	10g
	갈색(70)	10g
3-a	카키(51)	3g
	오프화이트(2)	2g
	노랑(52)	1g
3-b	베이지(64)	3g
	오프화이트(2)	2g
	노랑(52)	1g
3-c	핑크(56)	3g
	오프화이트(2)	2g
	노랑(52)	1g
3-d	블루(63)	3g
	오프화이트(2)	2g
	노랑(52)	1g

● **도구**
코바늘 5/0호

● **완성 크기**
2 가로 36cm, 세로 27cm
3 가로 9cm, 세로 9cm

● **뜨는 법**
2
1. 사슬뜨기로 원을 만드는 시작코로 모티브 A를 1장 만듭니다.
2. 2번째 모티브부터는 마지막 단에서 옆 부분을 '뜨면서 잇기'를 해 모티브 A~C까지 모두 12장을 만듭니다.

3
사슬뜨기로 원을 만드는 시작코로 모티브를 만듭니다.

2 모티브 A~C 뜨개 도안
3 모티브 뜨개 도안
5/0호 코바늘

9c × 9c

2 모티브 A~C의 배색과 매수

	1단	2·3단	4·5단	매수
모티브 A	노랑	오프화이트	베이지	6장
모티브 B			카키	3장
모티브 C			갈색	3장

3 모티브 배색

	1단	2·3단	4·5단
a	노랑	오프화이트	카키
b			베이지
c			핑크
d			블루

2 모티브 A~C 배치법
※ 숫자 순으로 모티브를 연결한다.

B 12	A 11	C 10	A 9
A 8	C 7	A 6	B 5
C 4	A 3	B 2	A 1

27c (모티브 3장)
36c (모티브 4장)

2 모티브 A~C 연결법

※ 화살표가 가리키는 코에 빼뜨기로 잇기.

109쪽 4 타원형 소품 바구니

● **사용실**
DARUMA 스트라이프
a 네이비(7) 20g
  네이비 × 화이트(6) 10g
b 시트러스(5) 23g
  화이트(1) 7g

● **도구**
코바늘 7/0호

● **게이지**(10㎝ 가로 × 세로)
짧은뜨기 16코 18단

● **완성 크기**
바닥 14㎝ × 8㎝, 높이 6㎝

● **뜨는 법**
사슬뜨기를 시작코로 해서 짧은뜨기로 바닥, 옆면을 원형뜨기합니다.
옆면의 마지막 단 중간에 손잡이를 만듭니다.

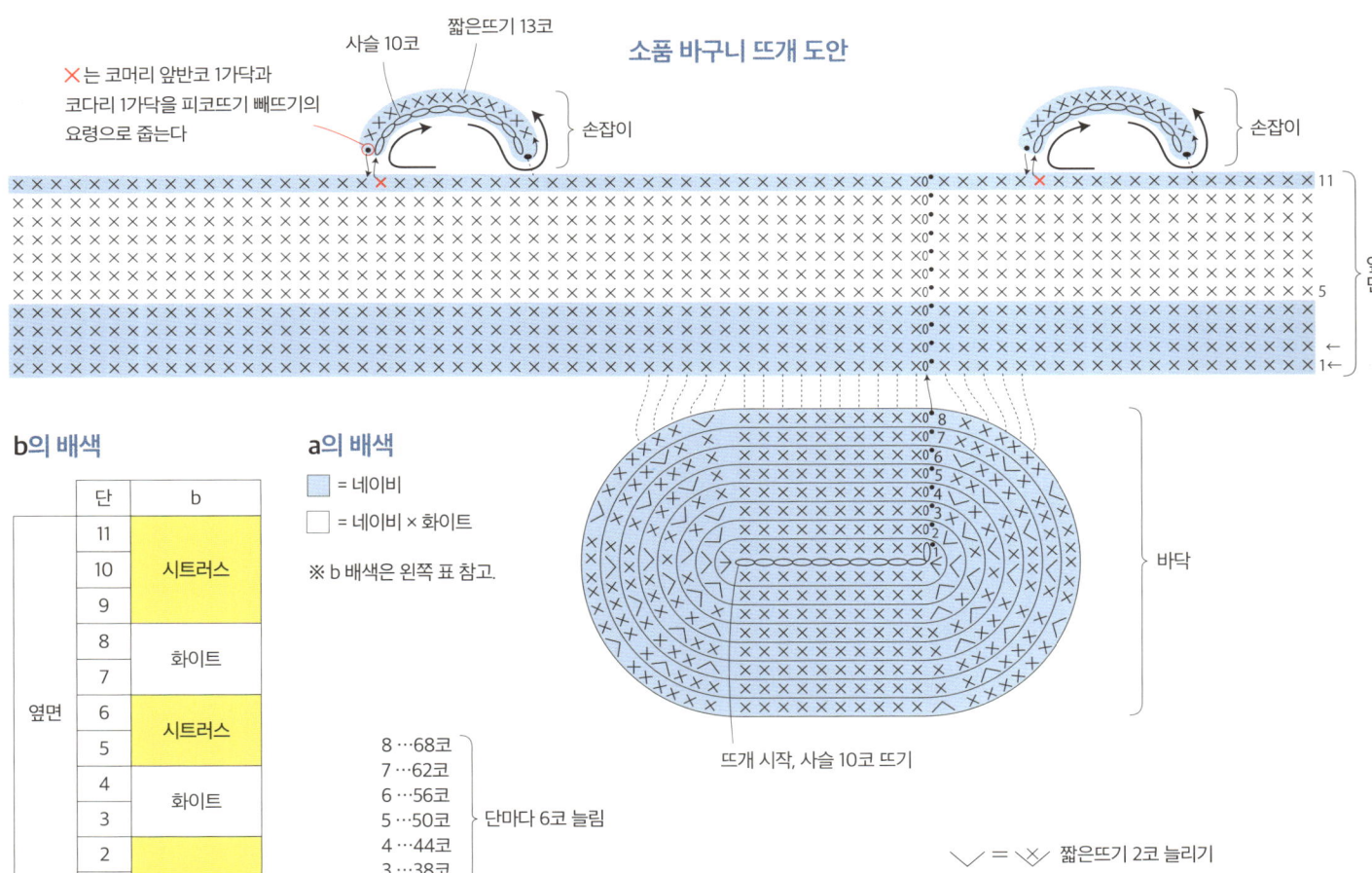

소품 바구니
짧은뜨기 7/0호 코바늘
※ 배색은 뜨개 도안 또는 배색표 참고.

소품 바구니 뜨개 도안

b의 배색

단	b
11	시트러스
10	시트러스
9	시트러스
8	화이트
7	화이트
6	시트러스
5	시트러스
4	화이트
3	화이트
2	시트러스
1	시트러스
바닥 8~1	

옆면: 단 1~11
바닥: 단 8~1

a의 배색
□ = 네이비
□ = 네이비 × 화이트
※ b 배색은 왼쪽 표 참고.

8 …68코
7 …62코
6 …56코
5 …50코 } 단마다 6코 늘림
4 …44코
3 …38코
2 …32코
1 …사슬 10코에서 26코 단

✗ 는 코머리 앞반코 1가닥과 코다리 1가닥을 피코뜨기 빼뜨기의 요령으로 줍는다

∨ = 짧은뜨기 2코 늘리기
∨ = 짧은뜨기 3코 늘리기

111쪽 5 구슬뜨기 모자

- **사용실**
  하마나카 아란 트위드
  그레이(3) 115g

- **도구**
  코바늘 6/0호, 7.5/0호

- **게이지**(10㎝ 가로 × 세로)
  무늬뜨기 A 4.5무늬 7단

- **완성 크기**
  머리둘레 49㎝

- **뜨는 법**
1. 사슬뜨기 시작코로 해서 무늬뜨기 A로 크라운(모자의 머리 부분)을 원형뜨기하고 뜨개 마지막은 오므리기로 마무리합니다.
2. 시작코에서 코를 주워서 무늬뜨기 B로 모자 입구를 원형뜨기합니다.
3. 폼폼을 만들어 모자 꼭대기에 답니다.

모자
※ 코 줄이기는 뜨개 도안 참고.

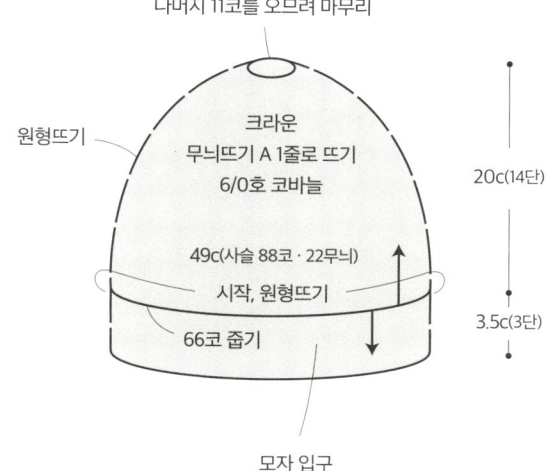

나머지 11코를 오므려 마무리

원형뜨기

크라운
무늬뜨기 A 1줄로 뜨기
6/0호 코바늘

20c(14단)

49c(사슬 88코 · 22무늬)
시작, 원형뜨기

66코 줍기

3.5c(3단)

모자 입구
무늬뜨기 B 2줄로 뜨기
7.5/0호 코바늘

마무리

모자 꼭대기에 폼폼 달기
(지름 10c · 130번 감기)

모자 뜨개 도안

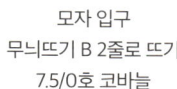

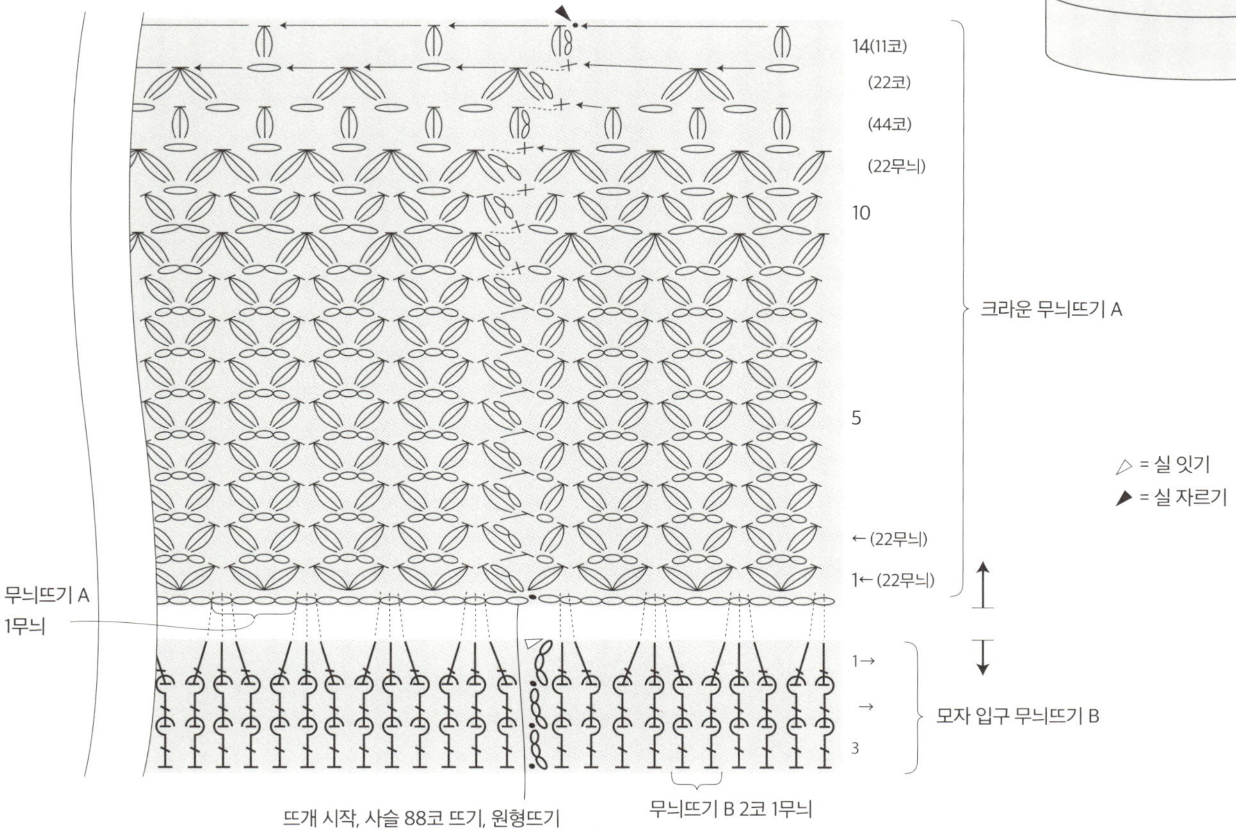

14(11코)
(22코)
(44코)
(22무늬)
10

크라운 무늬뜨기 A

5

←(22무늬)
1←(22무늬)

무늬뜨기 A
1무늬

1→
→
3

모자 입구 무늬뜨기 B

△ = 실 잇기
▲ = 실 자르기

뜨개 시작, 사슬 88코 뜨기, 원형뜨기
무늬뜨기 B 2코 1무늬

제 5 장
작품 만들기

111쪽 6 배색무늬뜨기 핸드워머

● 사용실
DARUMA 소프트 램
올리브(27) 35g
미색(2) 5g
당근(26) 5g
스카이블루(37) 5g
시나몬(14) 4g

● 도구
코바늘 6/0호

● 게이지(10㎝ 가로 × 세로)
배색무늬뜨기 24코 23단

● 완성 크기
손바닥 둘레 18㎝, 길이 19㎝

● 뜨는 법
1. 사슬뜨기 시작코로 해서 가장자리 뜨기, 배색무늬뜨기 (코아래에서 줍는 법)로 핸드워머를 만듭니다.
2. 엄지손가락이 들어가는 구멍을 남기고 옆선을 감침질로 꿰맵니다.

핸드워머
(2장)
6/0호 코바늘

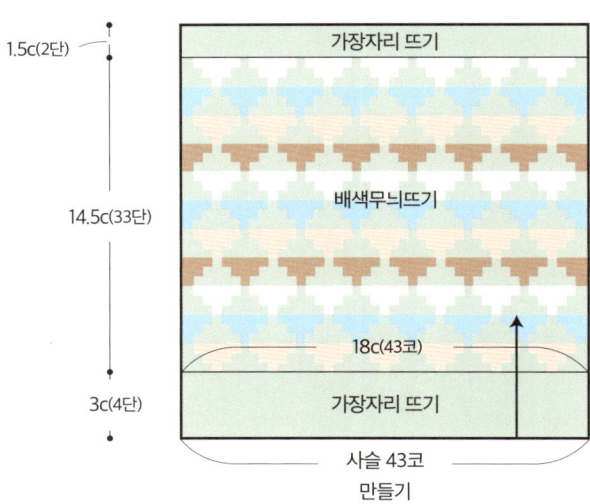

1.5c(2단)
14.5c(33단)
3c(4단)
가장자리 뜨기
배색무늬뜨기
18c(43코)
가장자리 뜨기
사슬 43코 만들기

※ 배색은 뜨개 도안 참고.

마무리
엄지손가락 구멍을 남기고 옆선을 감침질로 꿰매기

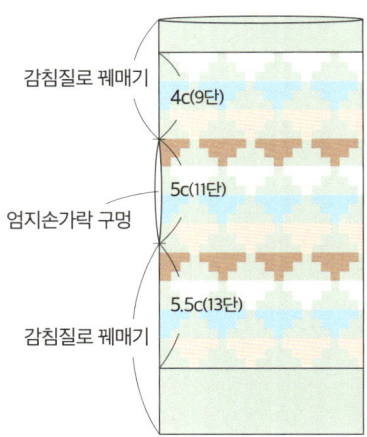

감침질로 꿰매기 4c(9단)
엄지손가락 구멍 5c(11단)
감침질로 꿰매기 5.5c(13단)

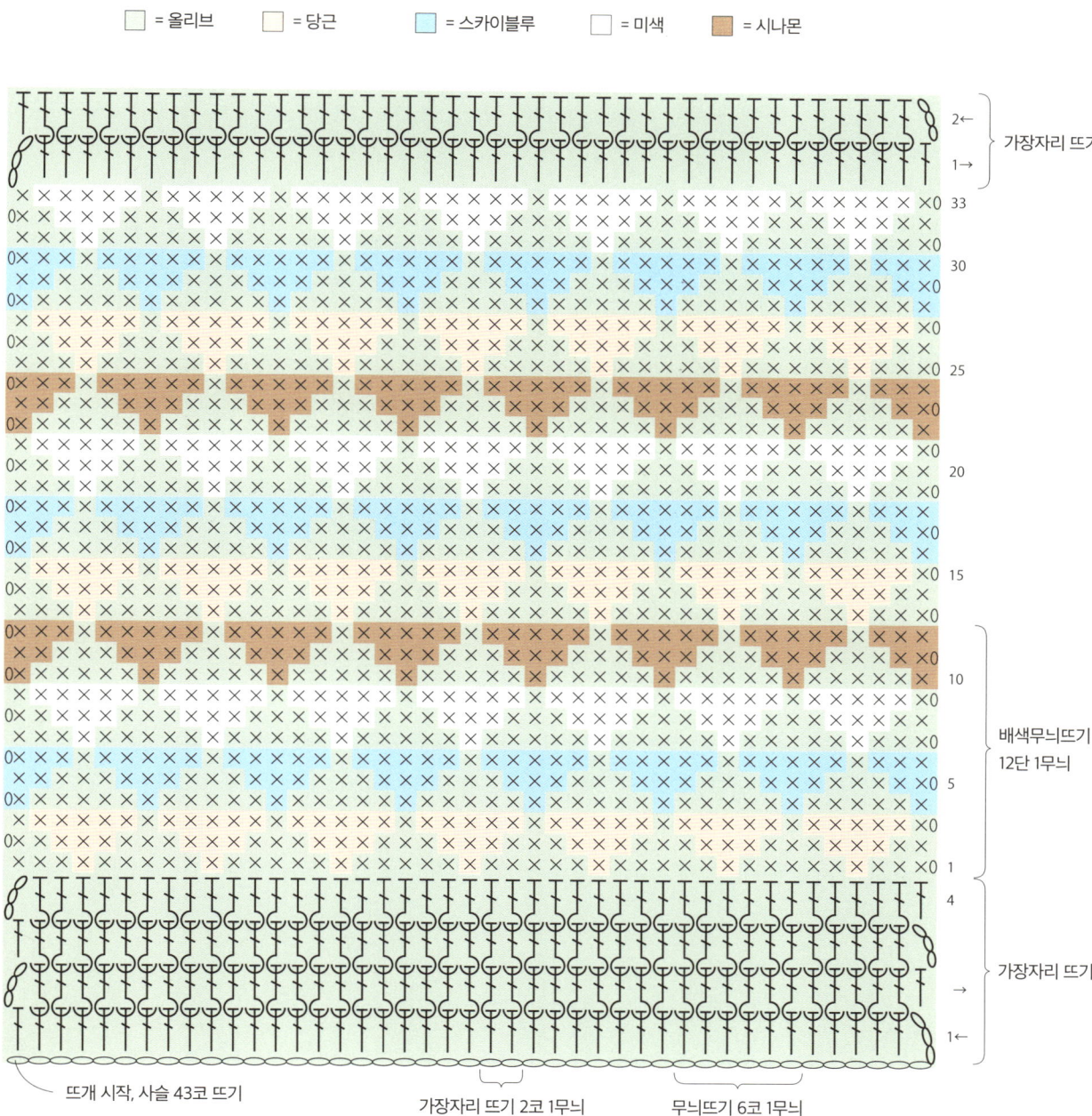

제5장 작품 만들기

7

뜨는 법
122쪽

아란무늬 가방

한길긴뜨기 베이스에 걸어뜨기와 팝콘뜨기를 가미한
아란무늬 뜨개 바탕이 포인트인 가방입니다.
완성된 뜨개 바탕이 귀여워서 자꾸자꾸 뜨고 싶어지는 작품이지요.
잠깐 집앞에 나갈 때 알맞은 크기랍니다.

디자인 / 하시모토 마유코
사용실 / 퍼피 피마 데님

일직선으로 쭉쭉 뜨는 품이 넉넉한 베스트

앞판과 뒤판을 사각형 모양으로 따로따로 만들어서
어깨를 잇기만 하면 되는 베스트입니다.
심플하지만 코디하기 쉽고 한길긴뜨기를 베이스로 한 무늬뜨기로
리듬감 있게 뜨개를 즐길 수 있습니다.
체형에 상관없이 입을 수 있도록 품이 넉넉합니다.

제 5 장
작품 만들기

8

옆쪽은 브레이드로 만든
리본으로 묶습니다.

디자인 / 오카 마리코
제작 / 오니시 후타바
사용실 / DARUMA 공기를 품은 울 알파카

뜨는 법
124쪽

119

제5장 작품 만들기

9

a

파인애플 뜨기 스톨

코바늘뜨기에 익숙해지면 한 번쯤 도전해 보고 싶은 파인애플 뜨기입니다.
반복하면서 방법을 익히면 의외로 뚝딱뚝딱 완성됩니다.
a는 겨울 실로 포근하고 부드럽게
b는 여름 실로 무늬가 뚜렷이 드러나는 깔끔한 디자인입니다.
소재를 달리해 즐길 수 있는 스톨입니다.

디자인 / 가와지 유미코
제작 / 니시무라 히사미
사용실 / a 하마나카 아메리F <합태사>
　　　　 b 하마나카 플랙스K <라메>

뜨는 법
128쪽

b

레이스 무늬의 둥근 요크풀

코바늘뜨기에서만 즐길 수 있는 섬세한 레이스 무늬의
뜨개 바탕이 포인트인 둥근 요크 풀오버입니다.
둥근 요크 부분에 몸통을 연결해 완성합니다.
일년내내 레이어드 룩으로 즐길 수 있는 옷입니다.

디자인 / 가와지 유미코
사용실 / 하마나카 플랙스 Ly

10

뜨는 법
126쪽

118쪽 7 아란무늬 가방

- **사용실**
  퍼피 피마 데님
  블루(109) 140g

- **도구**
  코바늘 5/0호

- **게이지**(10㎝ 가로 × 세로)
  무늬뜨기 23코 12단

- **완성 크기**
  가로 32㎝, 세로 29㎝

- **뜨는 법**
1. 사슬뜨기 시작코로 해서 한길긴뜨기로 바닥을 원형뜨기합니다.
2. 이어서 무늬뜨기로 옆면을 원형뜨기합니다.
3. 계속해서 짧은뜨기, 빼뜨기로 가방의 입구와 손잡이를 만듭니다.
4. 손잡이 안쪽을 빼뜨기로 정리합니다.

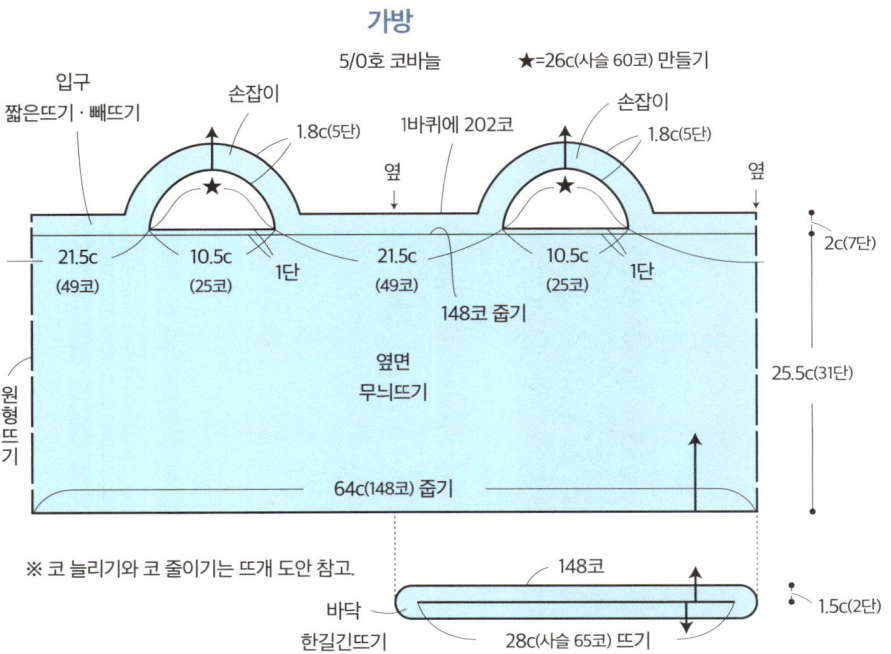

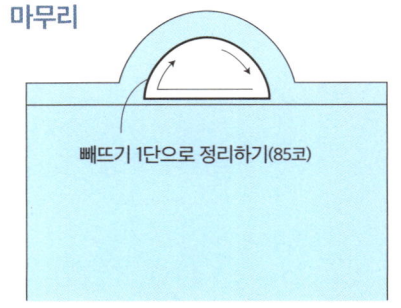

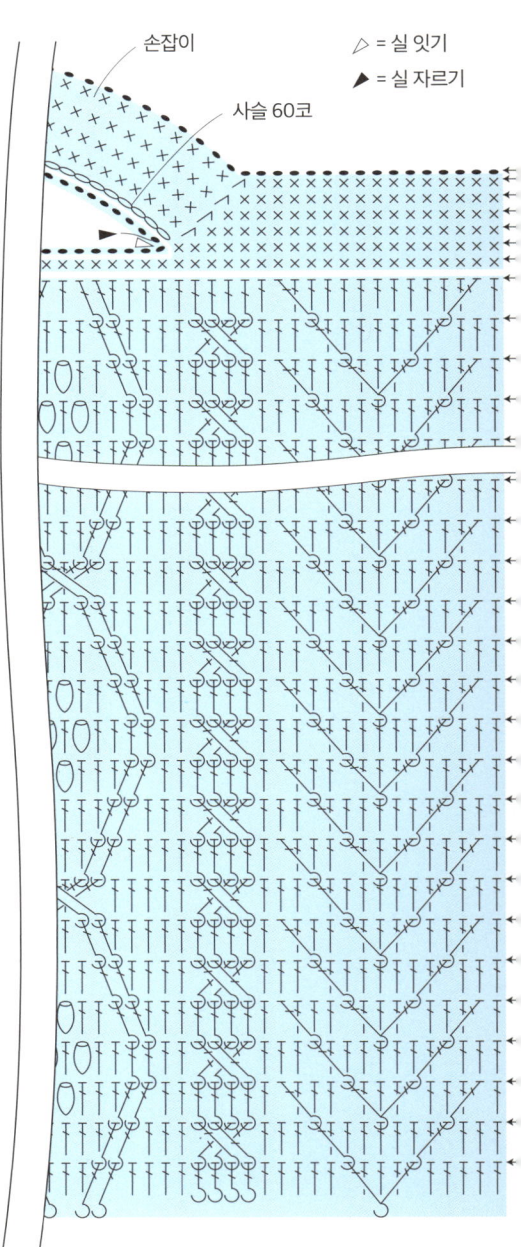

△ = 실 잇기
▲ = 실 자르기

바닥
2 …148코(8코 늘리기)
1 …사슬 65코에서 140코
단

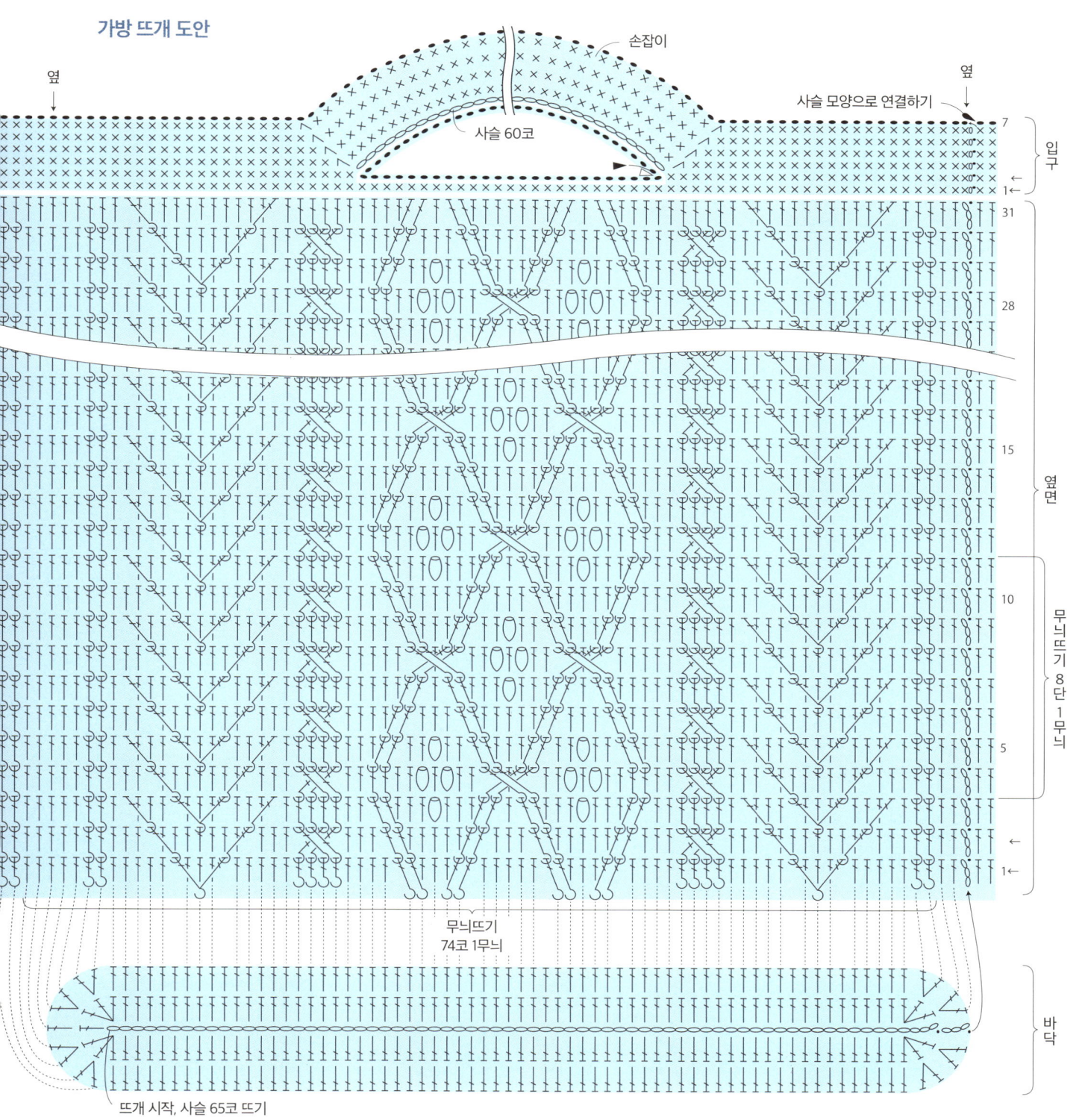

제5장 작품 만들기

119쪽 8 일직선으로 쭉쭉 뜨는 품이 넉넉한 베스트

● 사용실
DARUMA 공기를 품은 울 알파카
라이트 그레이(7) 300g

● 도구
코바늘 7/0호, 6/0호

● 게이지(10㎝ 가로 × 세로)
무늬뜨기 A 23코 9.5단

● 완성 크기
몸통 폭 60㎝, 길이 58㎝, 화장 30㎝

● 뜨는 법
1. 사슬뜨기 시작코로 해서 무늬뜨기 A로 앞판과 뒤판을 뜹니다.
2. 어깨를 빼뜨기로 잇습니다.
3. 앞·뒤판의 옆구리 부분, 소매, 목둘레에 가장자리 뜨기 A를 합니다.
4. 사슬뜨기 시작코로 해서 무늬뜨기 B, 가장자리 뜨기 B로 리본을 뜨고 정해진 위치에 꿰맵니다.

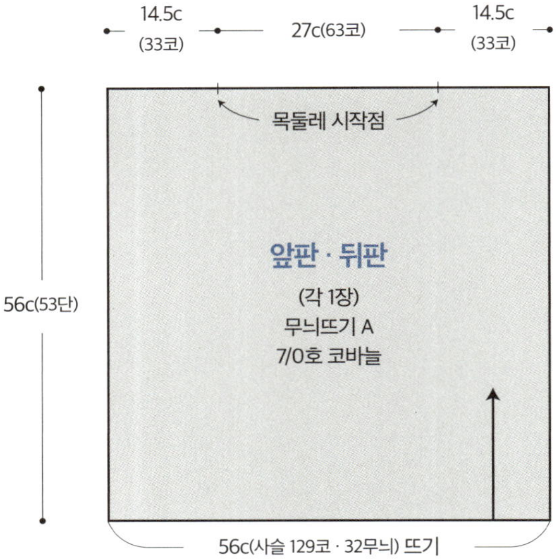

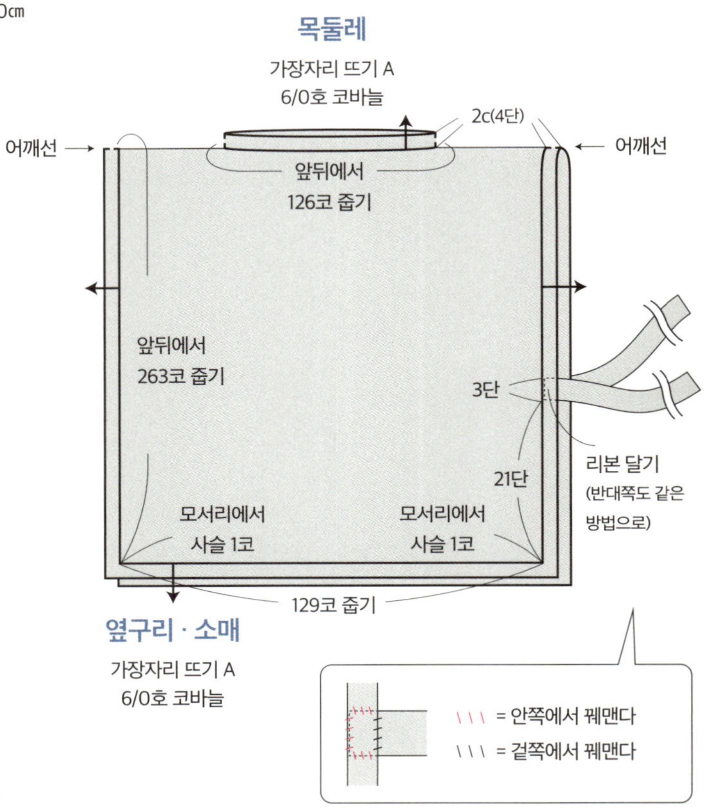

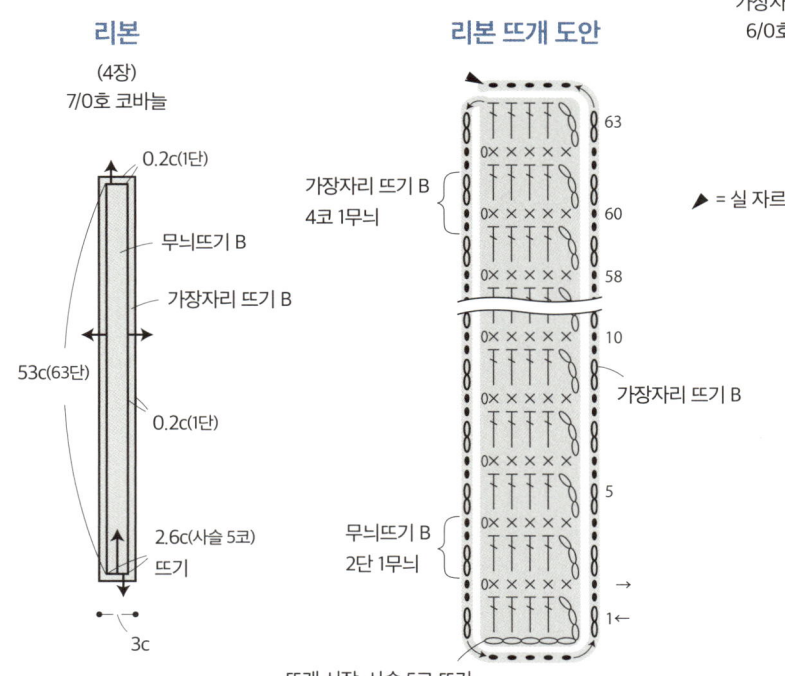

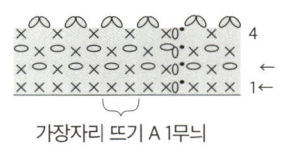

목둘레·옆구리·소매 뜨개 도안

가장자리 뜨기 A 1무늬

※ 옆구리·소매에서 모서리 코 늘리기는 법은 앞판과 뒤판의 뜨개 도안 참고.

앞판 · 뒤판 뜨개 도안

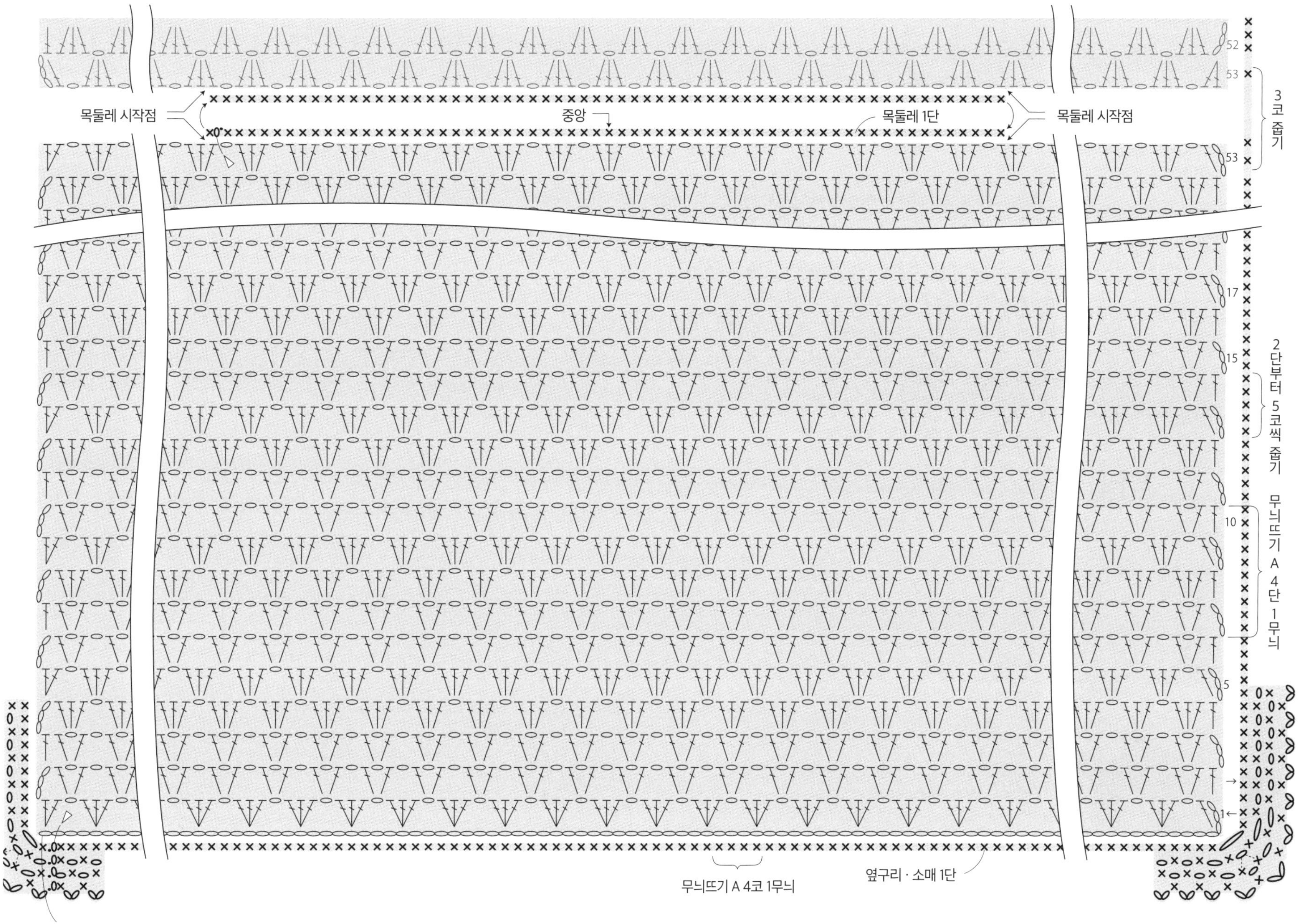

▷ = 실 잇기
3코 줍기
2단부터 5코씩 줍기
무늬뜨기 A 4단 1무늬
목둘레 시작점
중앙
목둘레 1단
목둘레 시작점
무늬뜨기 A 4코 1무늬
옆구리 · 소매 1단
뜨개 시작, 사슬 129코 뜨기
53
52
17
15
10
5
1

121쪽 **10 레이스 무늬 둥글 요크풀**

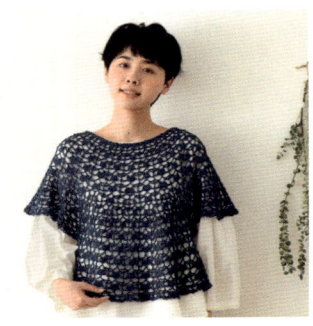

● **사용실**
하마나카 플랙스Ly
블루(805) 190g

● **도구**
코바늘 4/0호

● **게이지**(10㎝ 가로 × 세로)
무늬뜨기 A (뜨개 마무리 쪽) 1무늬 = 16㎝ 10단 = 10㎝
무늬뜨기 B 1무늬 = 4㎝ 10단 = 10㎝

● **완성 크기**
가슴둘레 120㎝, 길이 42㎝, 화장 42㎝

● **뜨는 법**
1. 사슬뜨기 시작코로 해서 무늬뜨기 A로 요크를 원형뜨기합니다.
2. 요크에서 코를 줍고, 곁바대는 사슬뜨기 시작코로 해서 무늬뜨기 B로 앞판 · 뒤판을 원형뜨기한 후에 계속해서 가장자리 뜨기 A로 소매를 만듭니다.
3. 가장자리 뜨기 A와 짧은뜨기로 소매 입구를, 가장자리 뜨기 B로 목둘레를 원형뜨기합니다.

앞판 · 뒤판 뜨개 도안

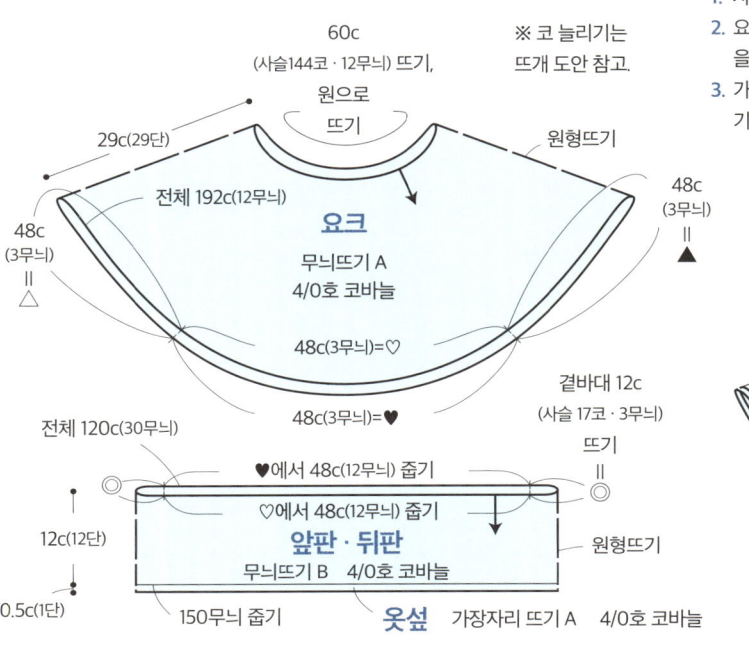

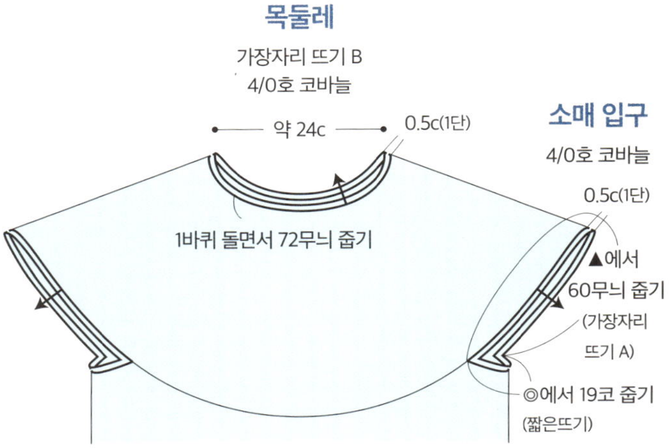

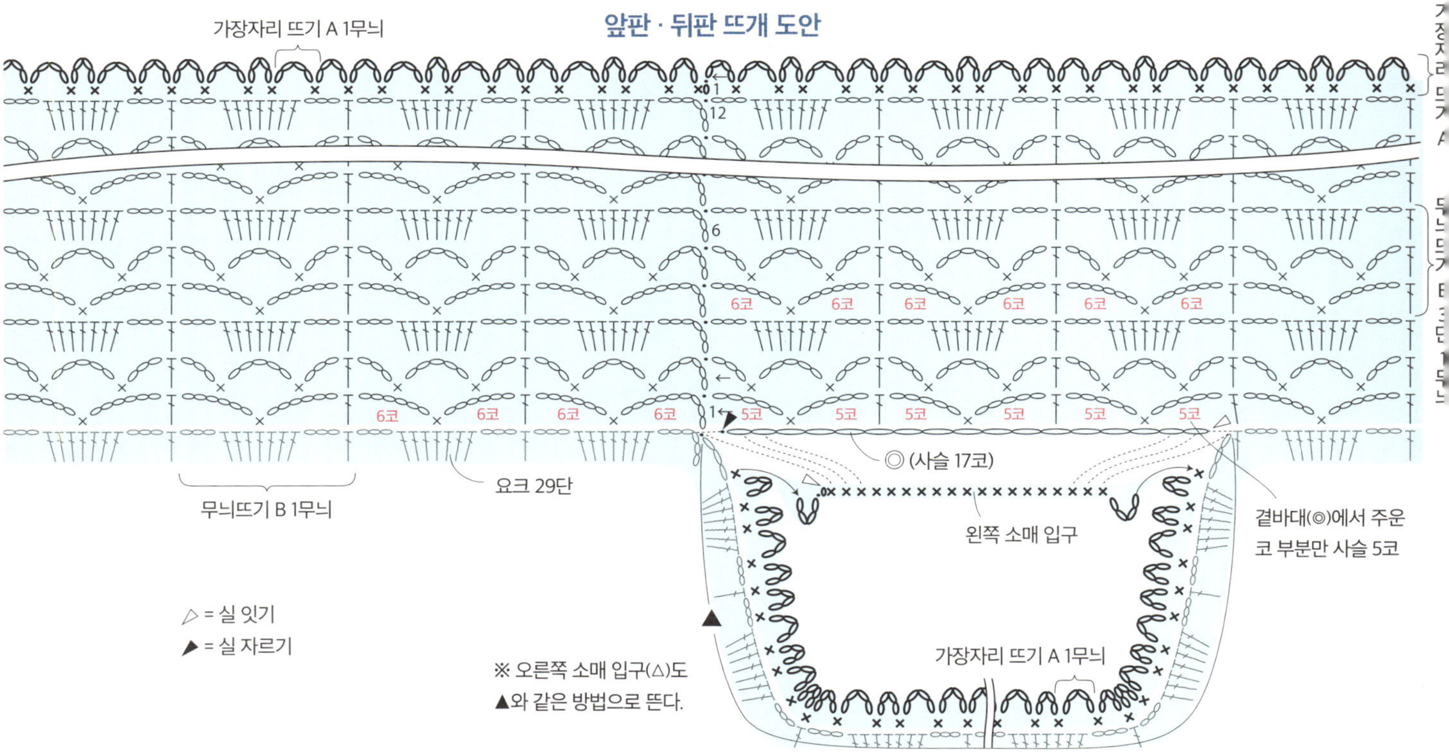

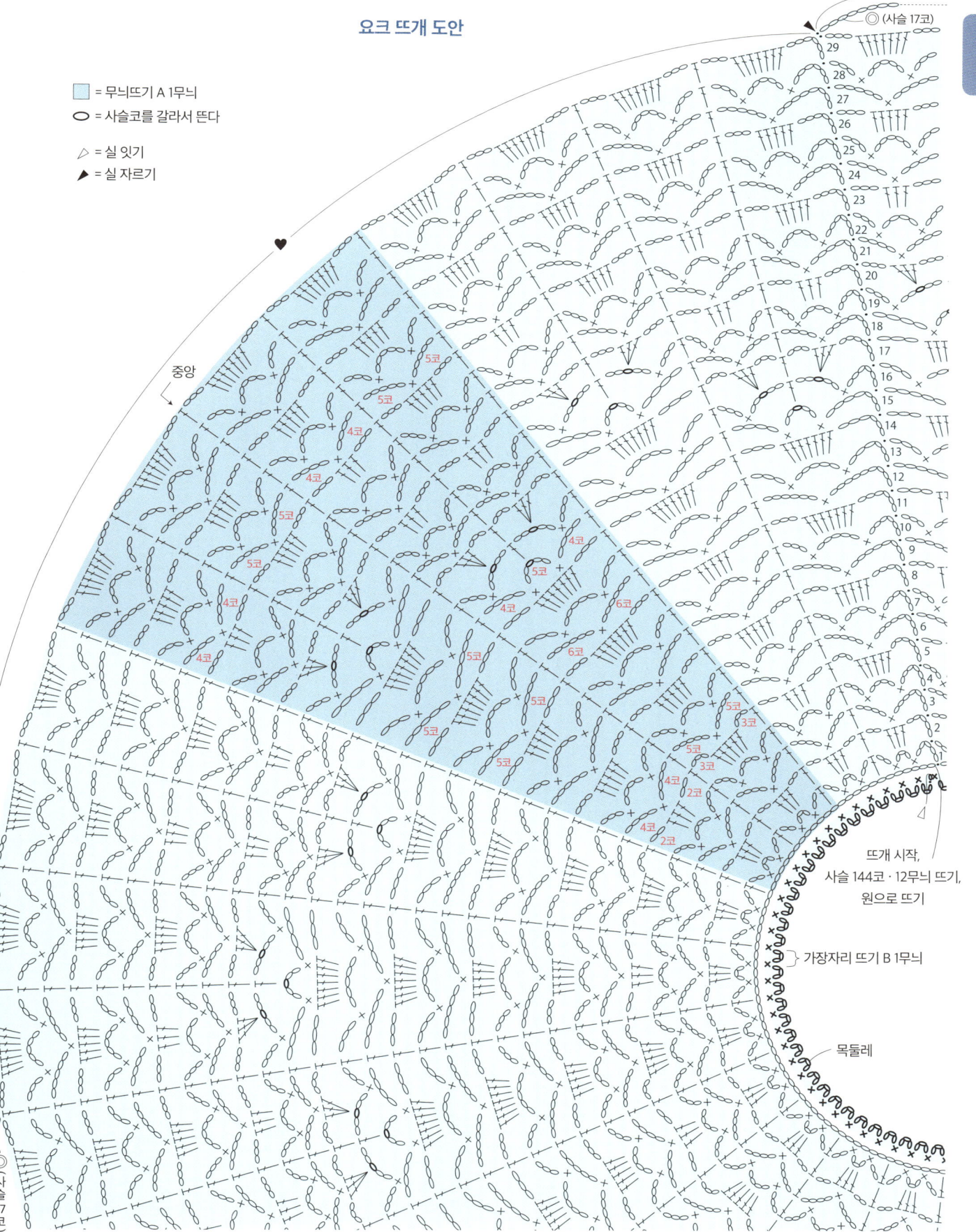

120쪽 9 파인애플 뜨기 스톨

- ● 사용실
  - a 하마나카 아메리 F ≪합태사≫
    퍼플 헤이즈(511) 95g
  - b 하마나카 플렉스 K ≪라메≫
    미색(601) 170g
- ● 도구
  코바늘 4/0호
- ● 게이지
  무늬뜨기 29.5코=10cm 22단=20.5cm
- ● 완성 크기
  폭 20cm, 길이 144cm
- ● 뜨는 법
  1. 사슬뜨기 시작코로 해서 무늬뜨기를 합니다.
  2. 시작코에서 코를 주워서 반대쪽에 무늬뜨기를 합니다.

△ = 실 잇기
▲ = 실 자르기

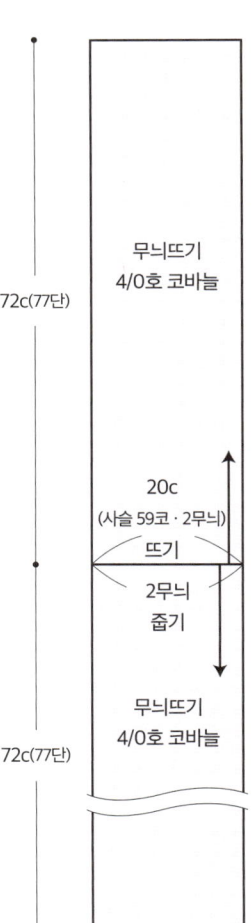

스톨 뜨개 도안

제 6 장　뜨개 기호

이번 장에서는 일반적으로 자주 사용하는 기호를 큼지막한 일러스트와 함께 설명합니다. 뜨개 도안은 다양한 뜨개 기호를 모아서 만들기 때문에 뜨개 기호를 완벽히 마스터하면 복잡한 뜨개 도안에도 도전할 수 있겠지요.

제6장

⬭ 사슬뜨기

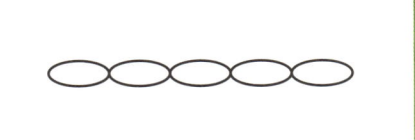

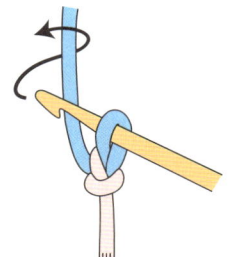

1 화살표처럼 바늘에 실을 겁니다.

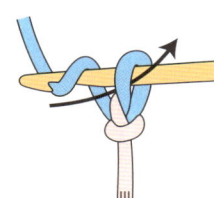

2 화살표 방향으로 빼냅니다. 1코가 완성되었습니다.

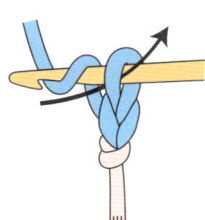

3 같은 방법으로 화살표 방향으로 실을 빼냅니다. 2번째 코가 완성되었습니다.

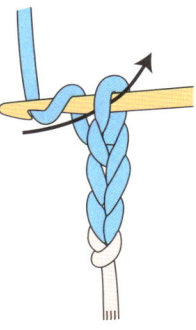

4 같은 과정을 반복하면서 뜹니다.

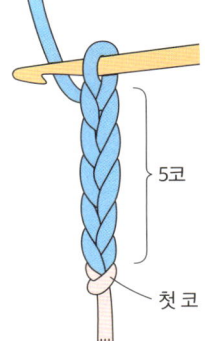

5 사슬뜨기 5코를 뜬 모습입니다. 첫 코와 바늘에 걸려 있는 고리는 1코로 세지 않습니다.

⬬ 빼뜨기

※ 짧은뜨기 위에 뜨는 경우를 예로 설명입니다.

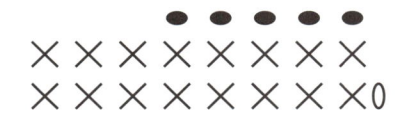

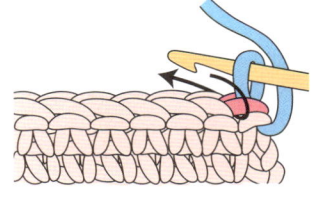

1 화살표 방향으로 앞단의 코에 바늘을 넣습니다.

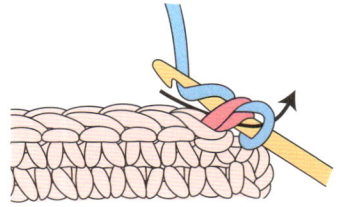

2 바늘에 실을 걸어서 화살표 방향으로 한 번에 빼냅니다.

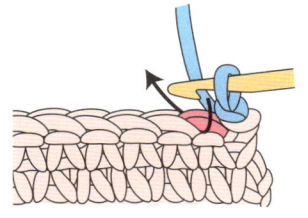

3 빼뜨기를 1코 뜬 모습입니다. 2번째 코도 같은 방법으로 화살표처럼 바늘을 넣고 실을 걸어서 빼냅니다.

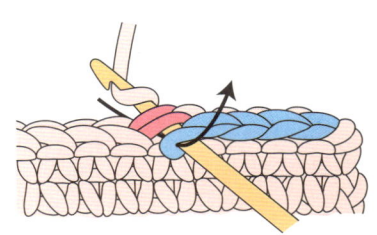

4 같은 과정을 반복하면서 빼뜨기를 합니다.

피코뜨기

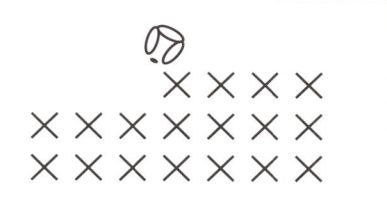

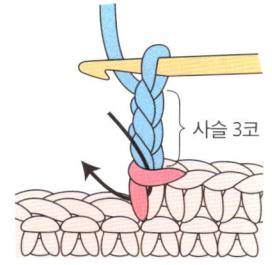

1. 사슬뜨기 3코를 뜬 다음 짧은뜨기에 화살표처럼 바늘을 넣습니다.

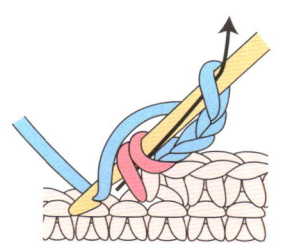

2. 바늘에 실을 걸어서 화살표 방향으로 한 번에 빼냅니다.

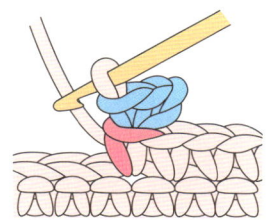

3. 사슬뜨기 3코 피코뜨기가 완성되었습니다.

짧은뜨기

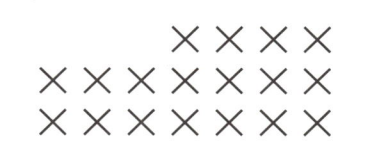

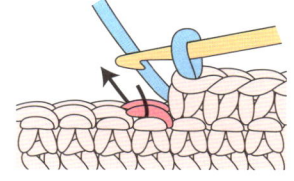

1. 화살표 방향으로 앞단의 코에 바늘을 넣습니다.

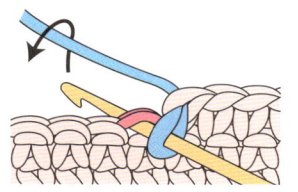

2. 화살표처럼 바늘에 실을 겁니다.

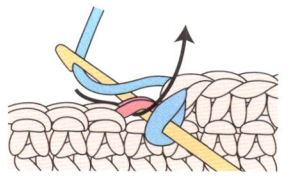

3. 화살표 방향으로 빼냅니다.

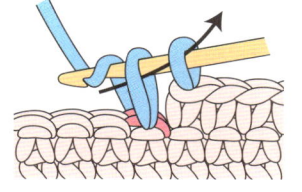

4. 바늘에 실을 걸어서 화살표처럼 한 번에 빼냅니다.

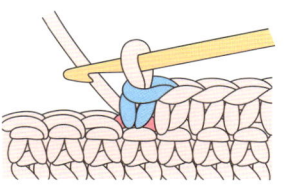

5. 짧은뜨기가 완성되었습니다.

 짧은뜨기 줄기뜨기

※ $\mathbf{I}$ 와 $\mathbf{\bar{I}}$ 처럼 짧은뜨기 이외의 뜨개코에도 같은 방법으로 바늘을 넣어서 긴뜨기, 한길긴뜨기를 합니다.

※ '줄기뜨기'와 '이랑뜨기'(P.133)는 같은 기호 ✕ 를 사용합니다. 뜨는 법(앞단의 코머리 뒤반코 한 가닥을 주워서 뜬다)은 같지만 '줄기뜨기'는 원형뜨기할 때 '이랑뜨기'는 왕복뜨기 할 때 사용하는 이름으로 뜨개 바탕에 나타나는 무늬도 다릅니다.

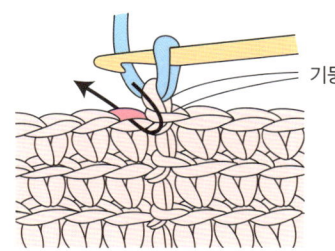

1 기둥코 사슬을 1코 뜬 다음 화살표처럼 앞단의 코머리 뒤반코 1가닥에 바늘을 넣습니다.

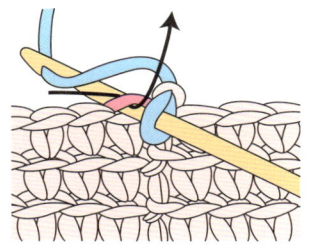

2 바늘에 실을 걸어서 화살표 방향으로 빼냅니다.

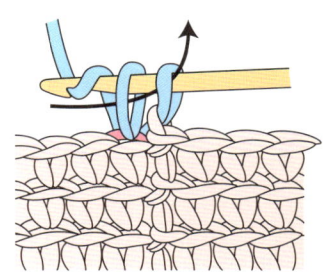

3 다음에 바늘에 실을 걸어서 화살표 방향으로 한 번에 빼냅니다.

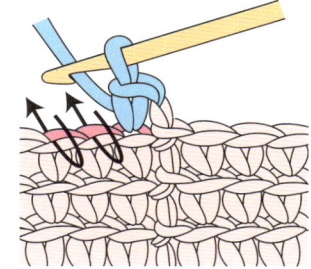

4 짧은뜨기 줄기뜨기를 1코 뜬 모습입니다. 다음 코도 같은 방법으로 바늘을 넣어서 뜹니다.

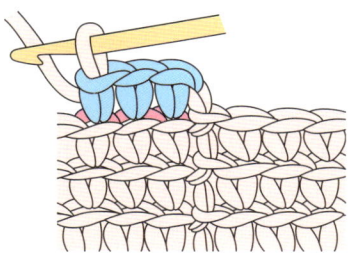

5 앞단의 코머리 앞반코 1가닥이 마치 밭이랑 같은 모양으로 나타납니다.

짧은뜨기 이랑뜨기

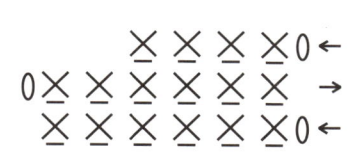

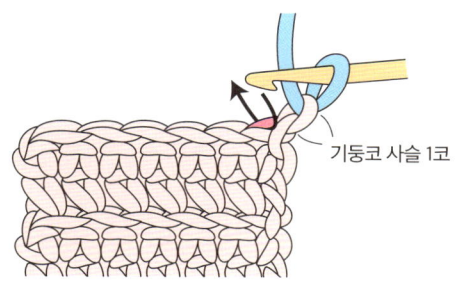

기둥코 사슬 1코

1 기둥코 사슬을 1코 뜬 다음 화살표처럼 앞단의 코머리 뒤반코 1가닥에 바늘을 넣습니다.

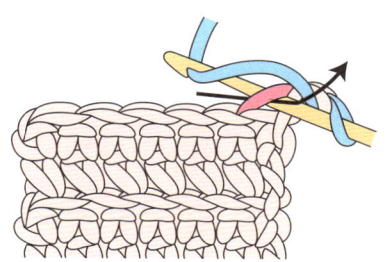

2 바늘에 실을 걸어서 화살표 방향으로 빼냅니다.

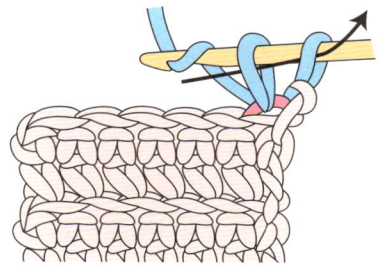

3 다시 바늘에 실을 걸어서 화살표처럼 한 번에 빼냅니다.

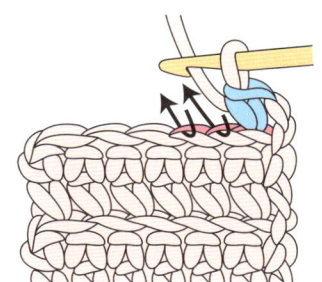

4 짧은뜨기 이랑뜨기를 1코 완성했습니다. 다음 코도 같은 방법으로 바늘을 넣어서 뜹니다.

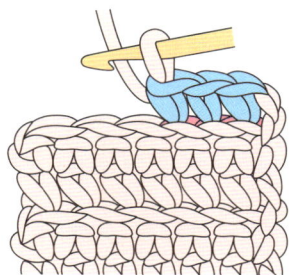

5 왕복뜨기에서 단마다, 앞단의 코머리 뒤반코에 바늘을 넣어서 뜨다보면 뜨개 바탕에 밭이랑 같은 요철이 생깁니다.

뒤돌아 짧은뜨기

※ 뜨개 바탕의 겉면을 보면서 왼쪽에서 오른쪽을 향해 뜹니다.

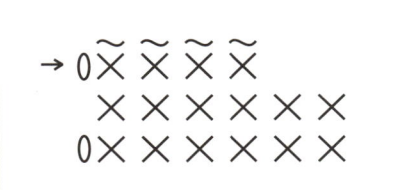

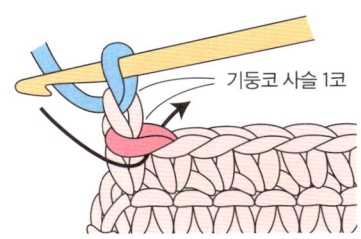

1 뜨개 바탕의 겉면을 보면서 기둥코 사슬을 1코 뜬 다음 화살표처럼 바늘을 넣습니다.

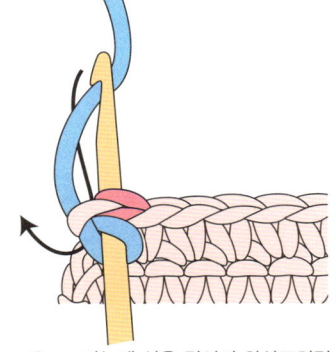

2 바늘에 실을 걸어서 화살표처럼 빼냅니다.

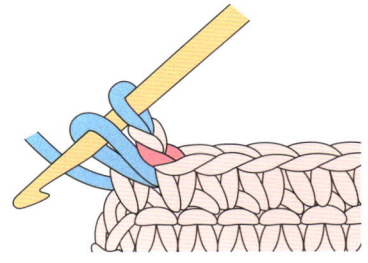

3 실을 빼낸 모습입니다.

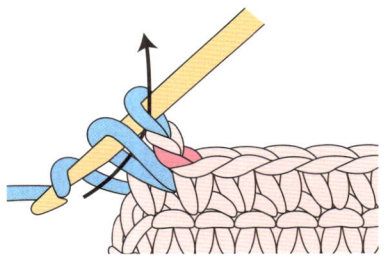

4 바늘에 실을 걸어서 화살표처럼 한 번에 빼냅니다.

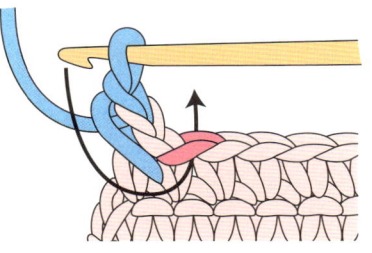

5 뒤돌아 짧은뜨기를 1코 뜬 모습입니다. 계속해서 화살표처럼 바늘을 넣습니다.

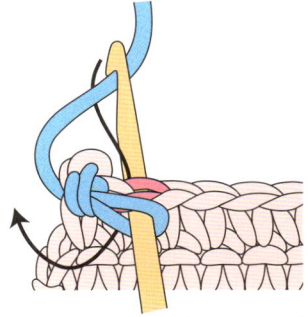

6 바늘에 실을 걸어서 화살표처럼 빼냅니다.

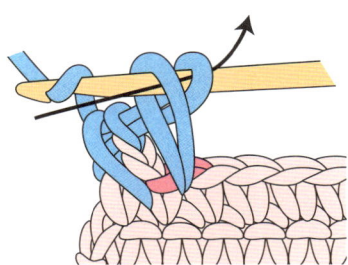

7 다시 바늘에 실을 걸어서 한 번에 빼냅니다. 2번째 코가 완성되었습니다.

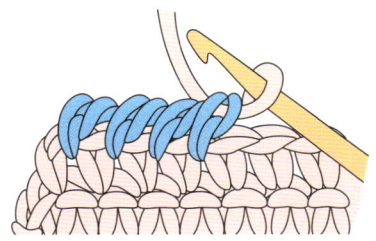

8 5~7을 반복해서 뜹니다.

┬ 긴뜨기

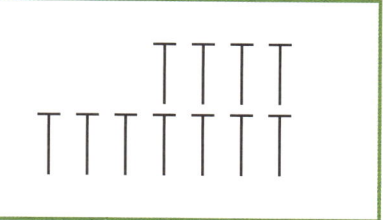

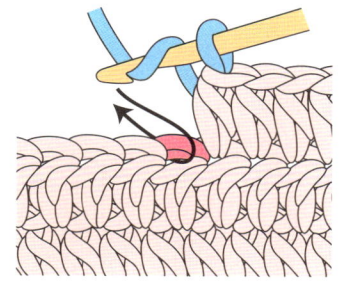

1 바늘에 실을 걸어서 화살표처럼 앞단의 코에 바늘을 넣습니다.

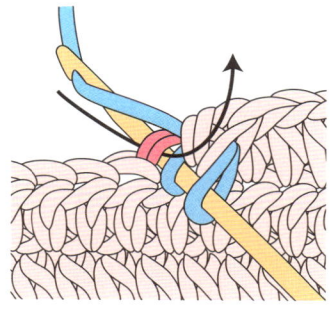

2 바늘에 실을 걸어서 화살표 방향으로 빼냅니다.

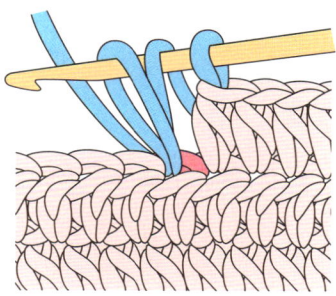

3 실을 빼낸 모습입니다(빼낸 실은 조금 여유를 둡니다).

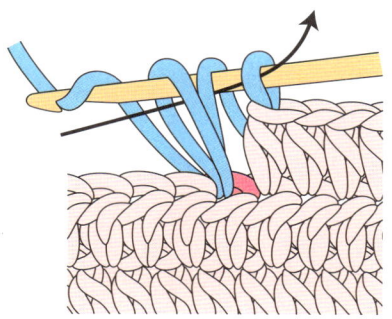

4 바늘에 실을 걸어서 한 번에 빼냅니다.

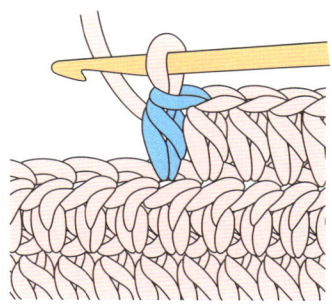

5 긴뜨기가 완성되었습니다.

 한길긴뜨기

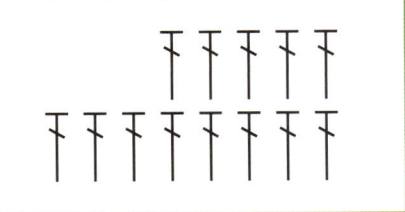

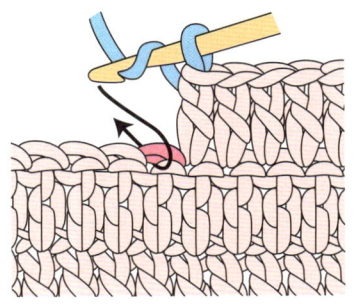

1. 바늘에 실을 걸어서 화살표처럼 앞단의 코에 바늘을 넣습니다.

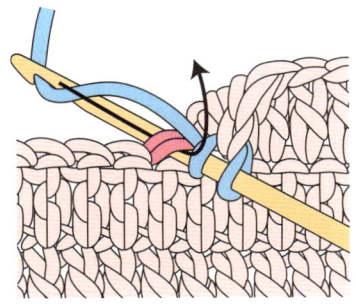

2. 바늘에 실을 걸어서 화살표 방향으로 빼냅니다.

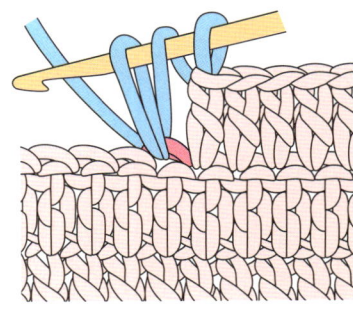

3. 실을 빼낸 모습입니다.

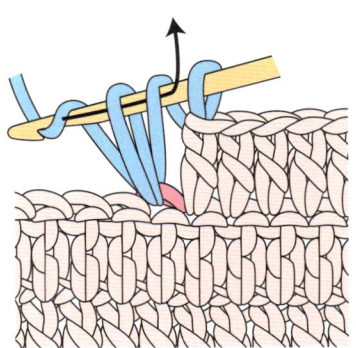

4. 바늘에 실을 걸어서 화살표 방향으로 고리 2개만 통과시켜 빼냅니다.

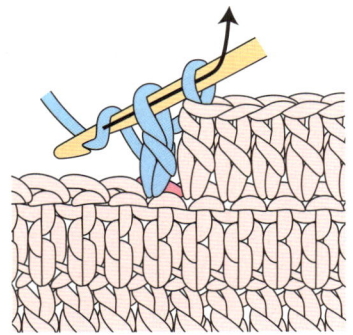

5. 다시 바늘에 실을 걸어서 화살표 방향으로 나머지 고리 2개를 통과시켜 빼냅니다.

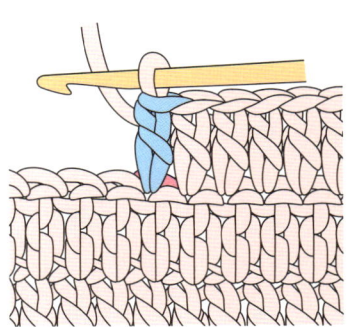

6. 한길긴뜨기가 완성되었습니다.

 # 두길긴뜨기

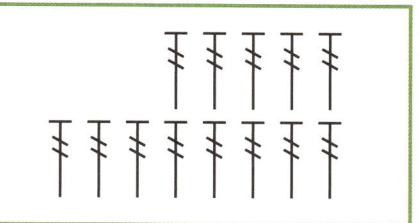

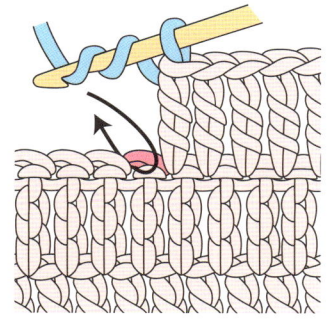

1. 바늘에 실을 2바퀴 감아서 화살표처럼 앞단의 코에 바늘을 넣습니다.

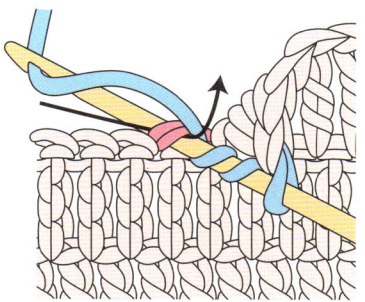

2. 바늘에 실을 걸어서 화살표 방향으로 빼냅니다.

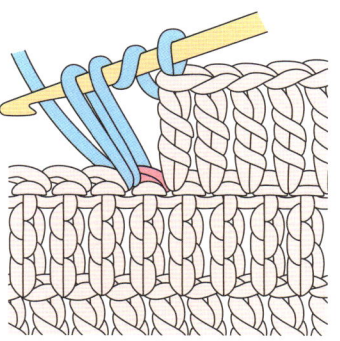

3. 실을 빼낸 모습입니다.

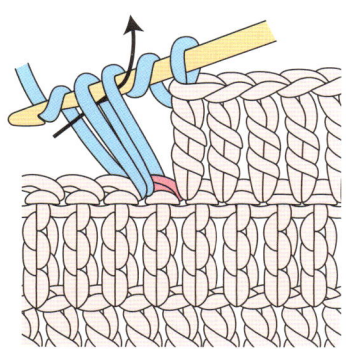

4. 바늘에 실을 걸어서 화살표 방향으로 고리 2개만 통과시켜 빼냅니다.

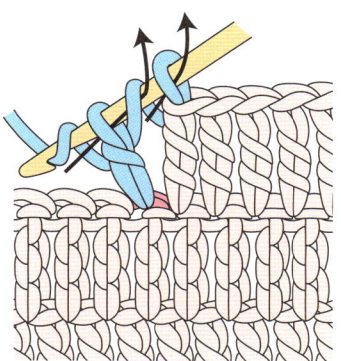

5. 다시 바늘에 실을 걸어서 나머지 고리도 2개씩 통과시켜서 빼냅니다.

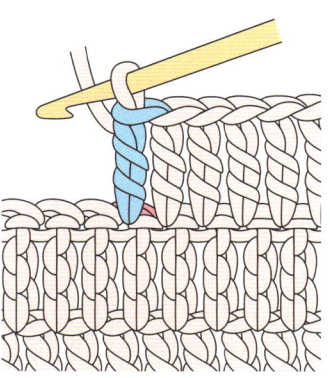

6. 두길긴뜨기가 완성되었습니다.

제6장 세길긴뜨기

 세길긴뜨기

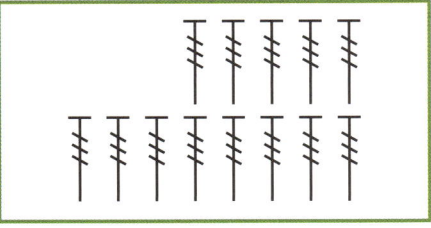

※ 네길긴뜨기 이상도 바늘에 실을 정해진 횟수만큼 감아서 같은 요령으로 뜹니다.

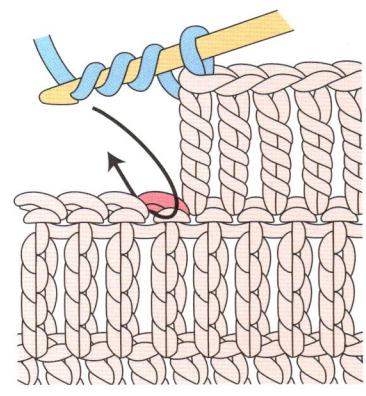

1 바늘에 실을 3바퀴 감아서 화살표처럼 앞단의 코에 바늘을 넣습니다.

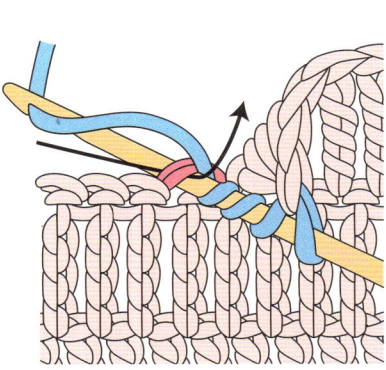

2 바늘에 실을 걸어서 화살표 방향으로 빼냅니다.

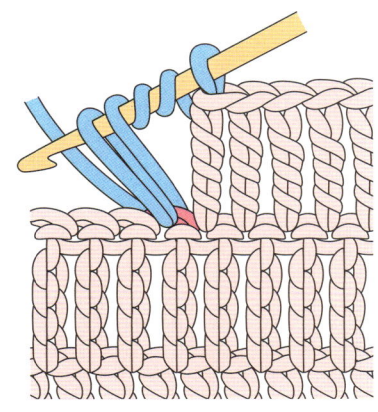

3 실을 빼낸 모습입니다.

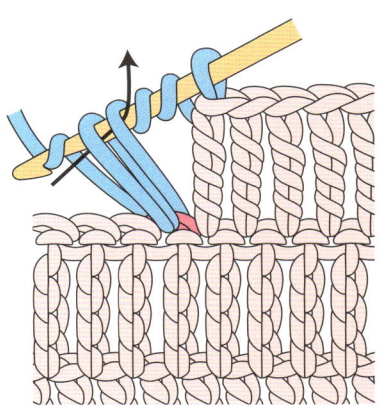

4 바늘에 실을 걸어서 화살표 방향으로 고리 2개만 통과시켜서 빼냅니다.

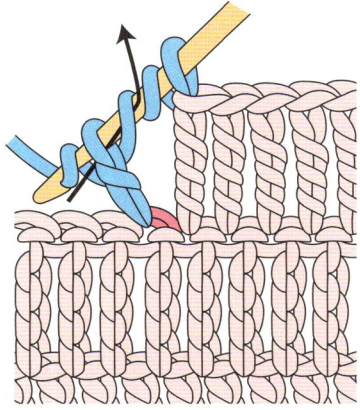

5 다시 바늘에 실을 걸어서 화살표 방향으로 고리 2개만 통과시켜서 빼냅니다.

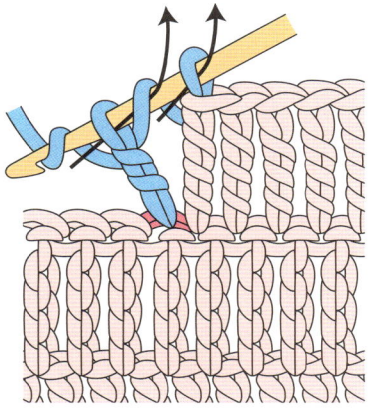

6 같은 방법으로 실을 걸어서 나머지 고리도 2개씩 통과시켜 빼냅니다.

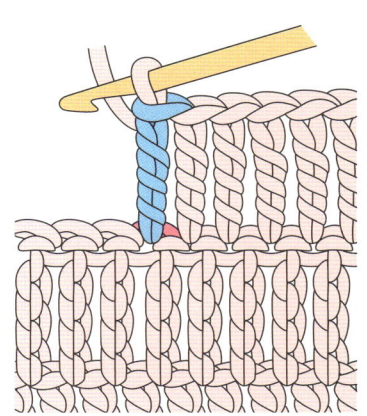

7 세길긴뜨기가 완성되었습니다.

 짧은뜨기 2코 늘려뜨기

 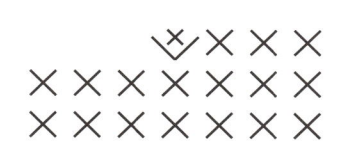

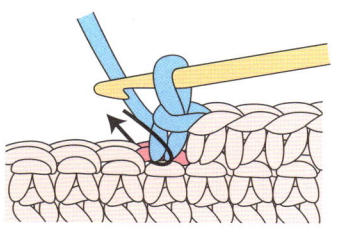 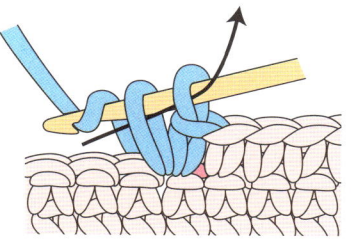 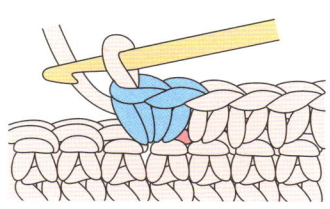

1 짧은뜨기를 1코 뜹니다. 앞단의 같은 코에 화살표처럼 바늘을 넣고 실을 빼냅니다.

2 바늘에 실을 걸어서 화살표 방향으로 빼냅니다.

3 같은 코에 짧은뜨기를 2코 떴습니다.

 짧은뜨기 3코 늘려뜨기

 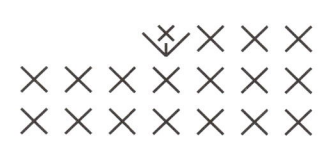

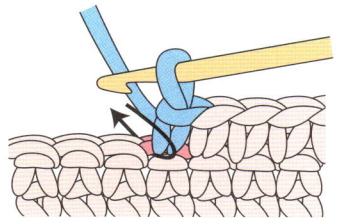 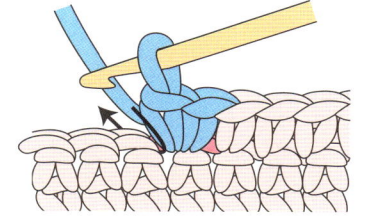 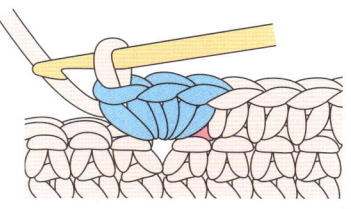

1 짧은뜨기를 1코 뜨고, 앞단의 같은 코에 화살표처럼 바늘을 넣어서 짧은뜨기를 1코 더 뜹니다.

2 마찬가지로 같은 코에 바늘을 넣고 다시 짧은뜨기를 1코 더 뜹니다.

3 같은 코에 짧은뜨기를 3코 떴습니다.

 ## 긴뜨기 2코 늘려뜨기

※ V 와 V 줍는 법의 차이는 P.149 참고.

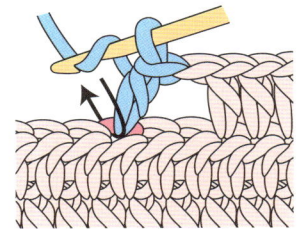

1 긴뜨기를 1코 뜹니다. 바늘에 실을 걸고 앞단의 같은 코에 화살표처럼 바늘을 넣어서 실을 빼냅니다.

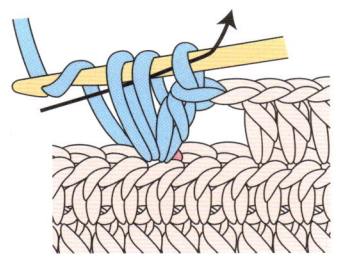

2 바늘에 실을 걸어서 화살표 방향으로 한 번에 빼내면 긴뜨기가 완성됩니다.

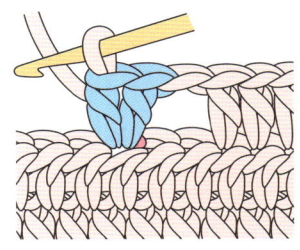

3 같은 코에 긴뜨기를 2코 떴습니다.

 ## 긴뜨기 3코 늘려뜨기

※ V 와 V 줍는 법의 차이는 P.149 참고.

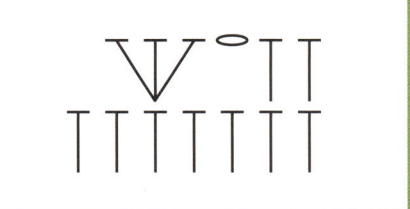

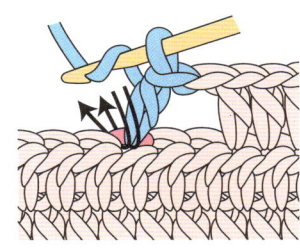

1 긴뜨기를 1코 뜨고, 이어서 바늘에 실을 걸어서 앞단의 같은 코에 화살표처럼 바늘을 넣고 긴뜨기를 연속해서 2코 더 뜹니다.

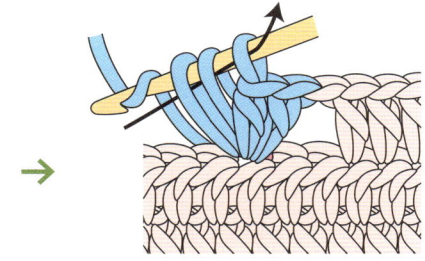

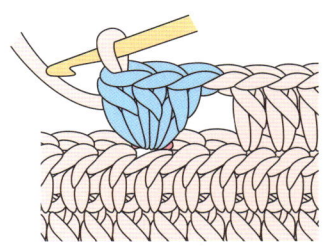

2 같은 코에 긴뜨기를 3코 떴습니다.

 ## 한길긴뜨기 2코 늘려뜨기

※ 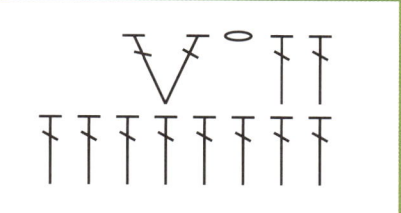 줍는 법의 차이는 P.149 참고.

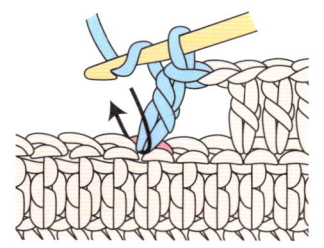

1 한길긴뜨기를 1코 뜹니다. 바늘에 실을 걸고 앞단의 같은 코에 화살표 방향으로 바늘을 넣어서 실을 빼냅니다.

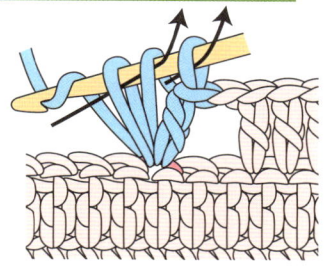

2 바늘에 실을 걸어서 고리를 2개씩 통과시켜서 한길긴뜨기를 1코 뜹니다.

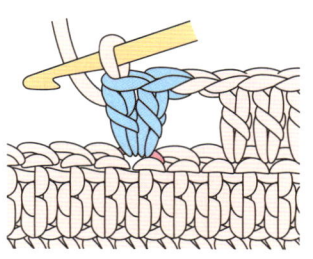

3 같은 코에 한길긴뜨기를 2코 떴습니다.

 ## 한길긴뜨기 3코 늘려뜨기

※ 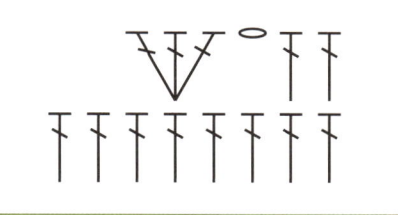 줍는 법의 차이는 P.149 참고.

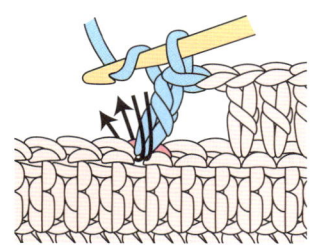

1 한길긴뜨기를 1코 뜨고, 계속해서 바늘에 실을 걸어서 앞단의 같은 코에 화살표처럼 바늘을 넣고 한길긴뜨기를 연속으로 2코 더 뜹니다.

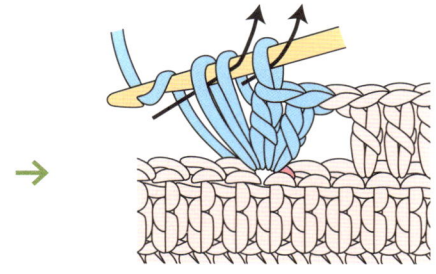

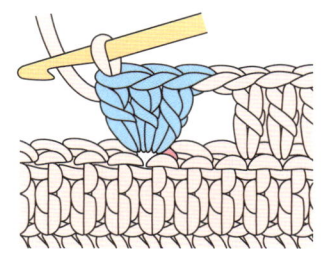

2 같은 코에 한길긴뜨기를 3코 떴습니다.

한길긴뜨기 5코 늘려뜨기

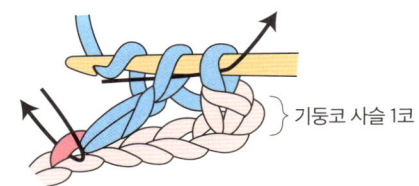

1 기둥코 사슬 1코와 짧은뜨기 1코를 뜬 다음 4번째 사슬에 한길긴뜨기를 5코 뜹니다.

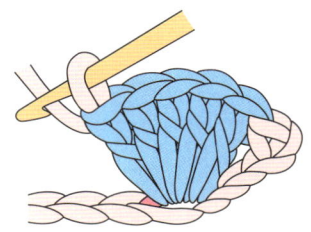

2 같은 코에 한길긴뜨기를 5코 뜬 모습입니다.

솔잎뜨기하는 법

'한길긴뜨기 5코 늘려뜨기'를 응용해서 솔잎뜨기하는 법을 소개합니다.

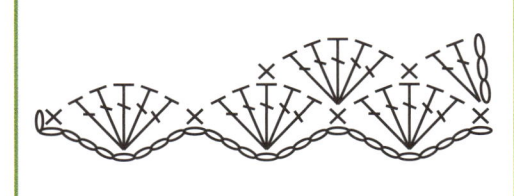

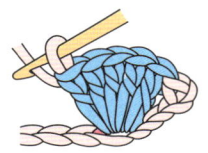

1 기둥코 사슬 1코와 짧은뜨기 1코를 뜬 다음 4번째 사슬코에 한길긴뜨기를 5코 뜹니다.

2 4번째 사슬에 화살표처럼 바늘을 넣어서 짧은뜨기를 1코 뜹니다.

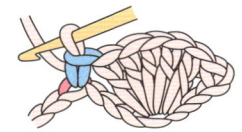

3 짧은뜨기를 1코 뜬 모습입니다. 같은 방법으로 한길긴뜨기 5코와 짧은뜨기 1코를 반복하며 1단을 완성합니다.

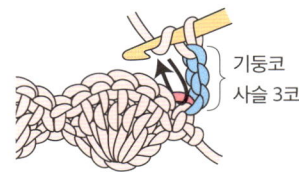

4 다음 단은 사슬 3코로 기둥코를 하고 앞단의 짧은뜨기 코머리에 화살표처럼 바늘을 넣어서 한길긴뜨기를 2코 뜹니다.

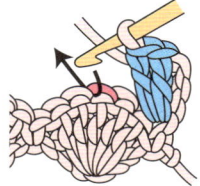

5 한길긴뜨기를 2코 뜬 모습입니다. 앞단에서 뜬 한길긴뜨기 5코 중 정가운데 코에 화살표처럼 바늘을 넣고 짧은뜨기를 1코 뜹니다.

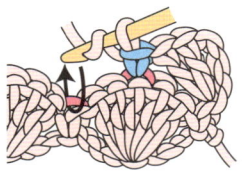

6 짧은뜨기를 1코 뜬 모습입니다. 바늘에 실을 걸어서 앞단의 짧은뜨기 코머리에 화살표처럼 바늘을 넣고 한길긴뜨기를 5코 뜹니다.

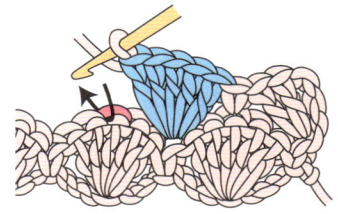

7 한길긴뜨기를 5코 뜬 모습입니다. 5~6의 과정을 반복하며 뜹니다.

 ## 짧은뜨기 2코 모아뜨기

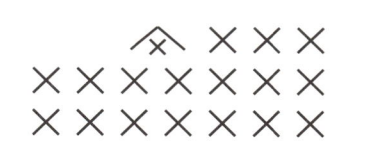
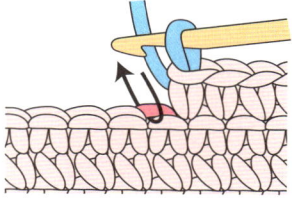

1. 화살표처럼 앞단의 코에 바늘을 넣어서 실을 빼냅니다.

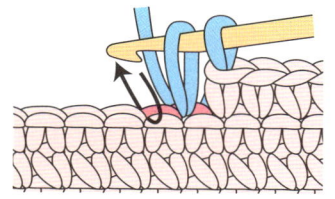
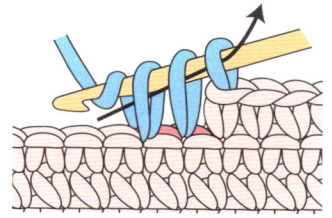
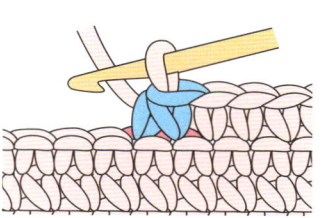

2. 같은 방법으로 다음 코에도 화살표처럼 바늘을 넣어서 실을 빼냅니다.

3. 바늘에 실을 걸어서 화살표 방향으로 한 번에 빼냅니다.

4. 짧은뜨기 2코 모아뜨기가 완성되었습니다.

 ## 짧은뜨기 3코 모아뜨기

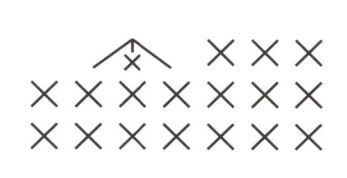

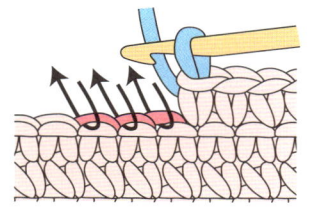
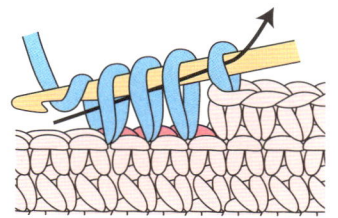
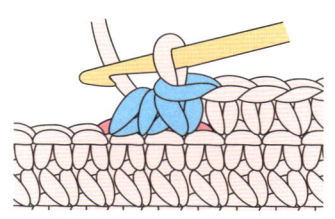

1. 화살표처럼 앞단의 코에 바늘을 넣어서 실을 3번 빼냅니다.

2. 바늘에 실을 걸어서 화살표 방향으로 한 번에 빼냅니다.

3. 짧은뜨기 3코 모아뜨기가 완성되었습니다.

 ## 긴뜨기 2코 모아뜨기

※ '미완성'이란 앞으로 1번 더 실을 걸어서 빼내면 뜨개코가 완성되는 상태를 말합니다.

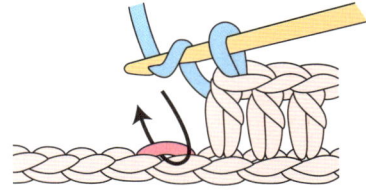

1. 바늘에 실을 걸고 화살표처럼 바늘을 넣어서 실을 빼냅니다(빼낸 실은 조금 여유를 둡니다).

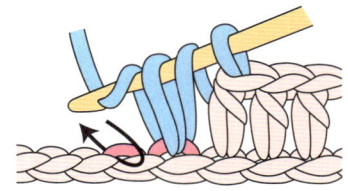

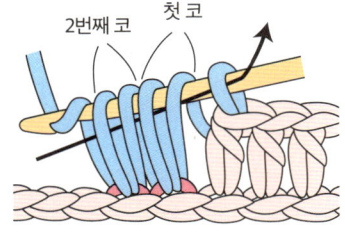

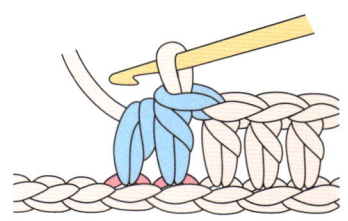

2. 미완성 긴뜨기를 1코 뜬 모습입니다. 바늘에 실을 걸고 화살표처럼 바늘을 넣어서 같은 방법으로 실을 빼냅니다.

3. 미완성 긴뜨기를 2코 뜬 모습입니다. 바늘에 실을 걸어서 화살표처럼 한 번에 빼냅니다.

4. 긴뜨기 2코 모아뜨기가 완성되었습니다.

 ## 긴뜨기 3코 모아뜨기

※ '미완성'이란 앞으로 1번 더 실을 걸어서 빼내면 뜨개코가 완성되는 상태를 말합니다.

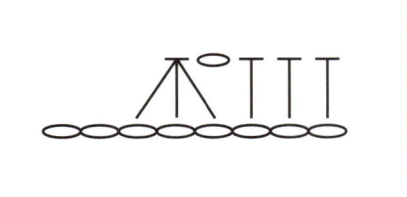

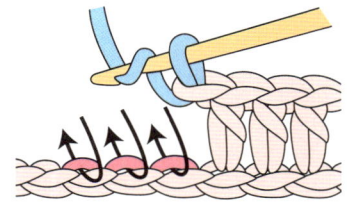

1. 바늘에 실을 걸고 화살표처럼 바늘을 넣어서 실을 빼내 미완성 긴뜨기를 3코 뜹니다(빼낸 실은 조금 여유를 둡니다).

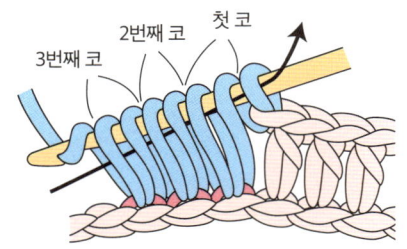

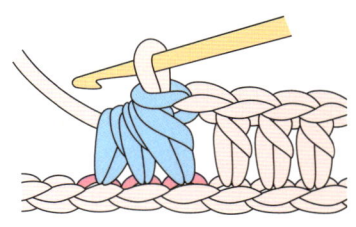

2. 미완성 긴뜨기를 3코 뜬 모습입니다. 바늘에 실을 걸어서 화살표 방향으로 한 번에 빼냅니다.

3. 긴뜨기 3코 모아뜨기가 완성되었습니다.

 ## 한길긴뜨기 2코 모아뜨기

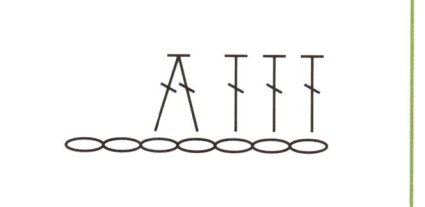

※ '미완성'이란 앞으로 1번 더 실을 걸어서 빼내면 뜨개코가 완성되는 상태를 말합니다.

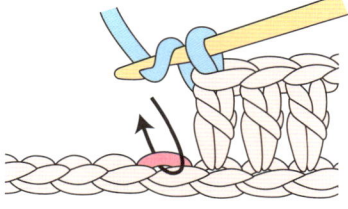

1 바늘에 실을 걸고 화살표처럼 바늘을 넣어서 미완성 한길긴뜨기를 1코 뜹니다.

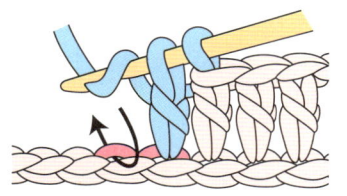

2 다시 바늘에 실을 걸고 화살표처럼 바늘을 넣어서 미완성 한길긴뜨기를 1코 더 뜹니다.

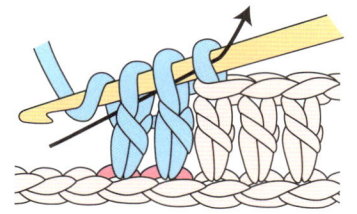

3 바늘에 실을 걸어서 화살표 방향으로 한 번에 빼냅니다.

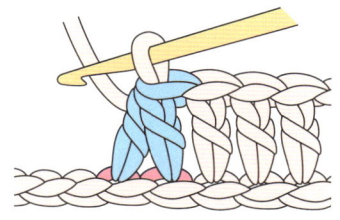

4 한길긴뜨기 2코 모아뜨기가 완성되었습니다.

 ## 한길긴뜨기 3코 모아뜨기

※ '미완성'이란 앞으로 1번 더 실을 걸어서 빼내면 뜨개코가 완성되는 상태를 말합니다.

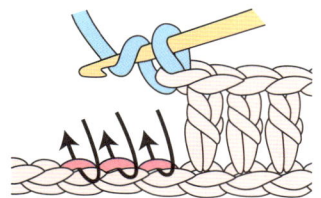

1 바늘에 실을 걸고 화살표처럼 바늘을 넣어서 미완성 한길긴뜨기를 3코 뜹니다.

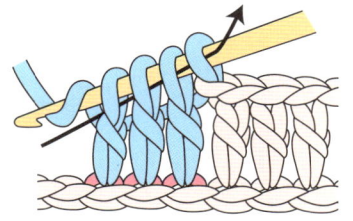

2 미완성 한길긴뜨기 3코를 뜬 모습입니다. 바늘에 실을 걸어서 화살표 방향으로 한 번에 빼냅니다.

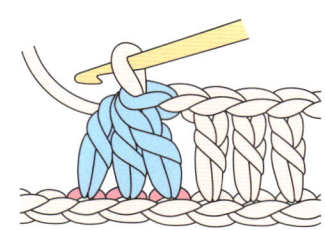

3 한길긴뜨기 3코 모아뜨기가 완성되었습니다.

변형 한길긴뜨기 1코 교차뜨기(왼코 위)

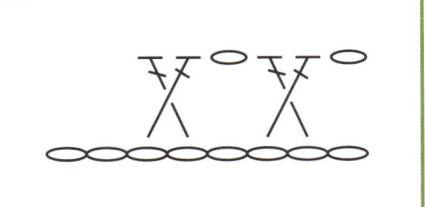
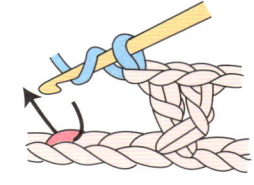

1 실을 걸어 화살표처럼 바늘을 넣고 X자 모양의 앞쪽이 되는 한길긴뜨기를 뜹니다.

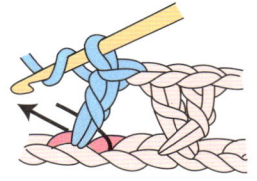
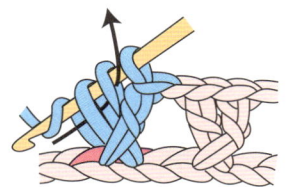
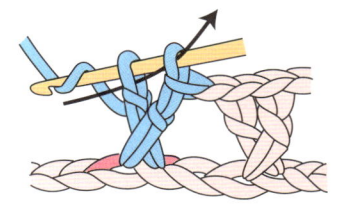

2 바늘에 실을 걸어서 화살표처럼 오른쪽 사슬에 바늘을 넣고 1에서 만든 한길긴뜨기의 뒤쪽으로 실을 빼냅니다.

3 바늘에 실을 걸어서 화살표처럼 고리를 2개만 통과시켜 빼냅니다.

4 다시 바늘에 실을 걸어서 화살표 방향으로 나머지 고리 2개를 통과시켜 빼냅니다.

변형 한길긴뜨기 1코 교차뜨기(오른코 위)

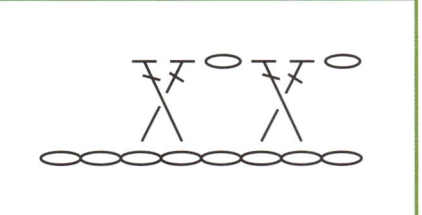
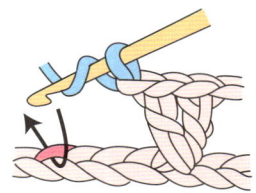

1 실을 걸어 화살표처럼 바늘을 넣고 X자 모양의 뒤쪽이 되는 한길긴뜨기를 뜹니다.

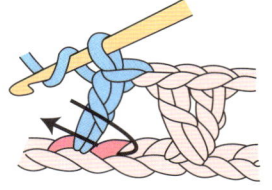
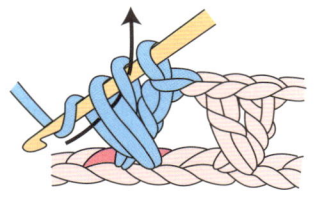
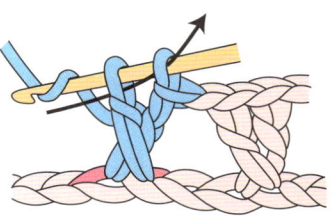

2 바늘에 실을 걸어서 화살표처럼 오른쪽 사슬코에 바늘을 넣고 1에서 만든 한길긴뜨기의 앞쪽으로 실을 빼냅니다.

3 바늘에 실을 걸어서 화살표 방향으로 고리를 2개만 통과시켜 빼냅니다.

4 다시 바늘에 실을 걸어서 화살표처럼 나머지 고리 2개를 통과시켜 빼냅니다.

 ## 변형 한길긴뜨기 1코와 3코 교차뜨기(왼코 위)

 ## 변형 한길긴뜨기 1코와 3코 교차뜨기(오른코 위)

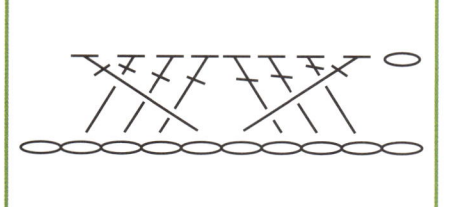

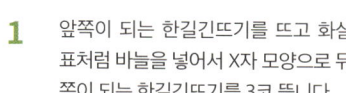

1 앞쪽이 되는 한길긴뜨기를 뜨고 화살표처럼 바늘을 넣어서 X자 모양으로 뒤쪽이 되는 한길긴뜨기를 3코 뜹니다.

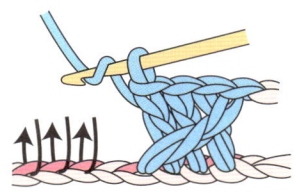

2 바늘에 실을 걸고 화살표처럼 바늘을 넣어서 한길긴뜨기를 3코 뜹니다.

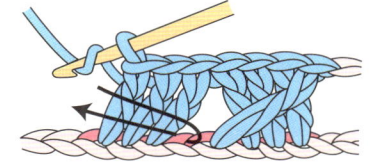

3 뒤쪽이 되는 한길긴뜨기 3코가 완성되었습니다. 바늘에 실을 걸고 화살표처럼 바늘을 넣어서 실을 빼냅니다.

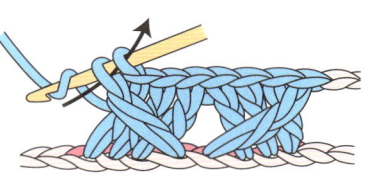

4 뒤쪽 한길긴뜨기 3코의 바로 앞쪽에서 한길긴뜨기를 1코 뜹니다.

 ## 한길긴뜨기 1코 교차뜨기

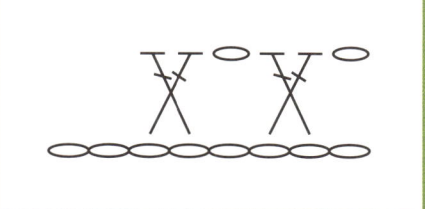

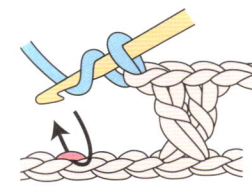

1 바늘에 실을 걸고 X자 모양이 되는 왼쪽 사슬코에 화살표처럼 바늘을 넣어서 한길긴뜨기를 합니다.

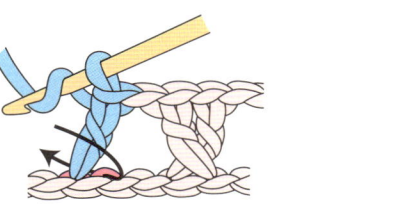

2 바늘에 실을 걸어서 화살표처럼 바늘을 넣고 1에서 만든 한길긴뜨기를 감싸듯이 실을 빼냅니다.

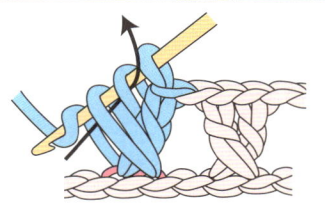

3 바늘에 실을 걸어서 화살표 방향으로 고리를 2개만 통과시켜 빼냅니다.

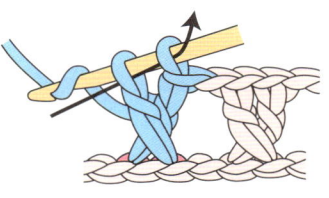

4 다시 바늘에 실을 걸어서 화살표처럼 나머지 고리 2개도 모두 통과시켜 빼냅니다.

제6장

긴뜨기 3코 구슬뜨기

 # 긴뜨기 3코 구슬뜨기

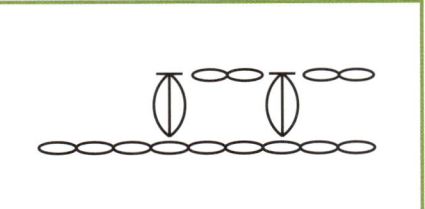

※  와 코 줍는 법의 차이는 P.149 참고.

※ '미완성'이란 앞으로 1번 더 실을 걸어서 빼내면 뜨개코가 완성되는 상태를 말합니다.

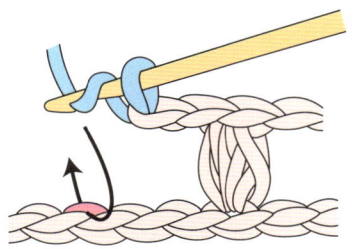

1 바늘에 실을 걸어서 화살표처럼 바늘을 넣고 실을 **빼냅니다**(빼낸 실은 조금 여유를 둡니다).

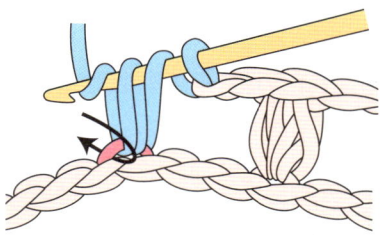

2 미완성 긴뜨기를 1코 뜬 모습입니다. 이어서 바늘에 실을 걸어서 1과 같은 코에 바늘을 넣고 실을 빼냅니다.

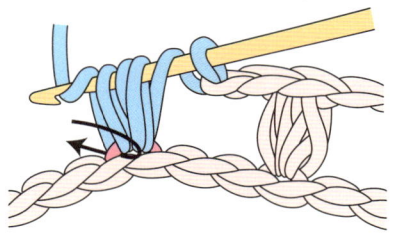

3 미완성 긴뜨기를 2코 뜬 모습입니다. 다시 바늘에 실을 걸어서 같은 코에 화살표처럼 바늘을 넣고 실을 빼냅니다.

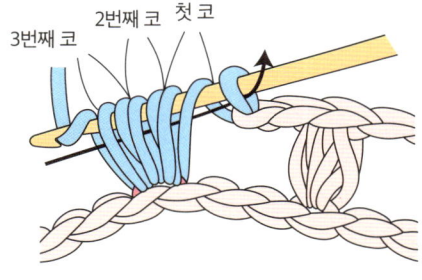

4 미완성 긴뜨기를 3코 뜬 모습입니다. 바늘에 실을 걸고 화살표 방향으로 한 번에 빼냅니다.

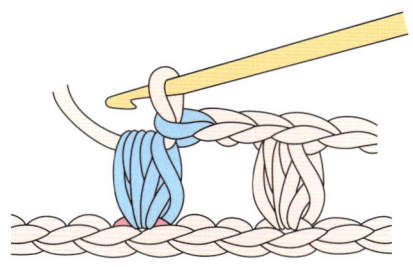

5 긴뜨기 3코 구슬뜨기가 완성되었습니다.

'코 갈라서 넣기'와 '코아래에서 줍기'의 차이

2코 이상의 코를 1코에 넣어 뜨는 기호에는 기호 아래가 닫힌 것과 열린 것이 있습니다.
이 기호의 차이는 앞단에 바늘을 넣을 때, 코를 갈라서 넣는지 코아래에서 줍는지의 차이를 나타냅니다.
➡ P.45 '코아래에서 줍기' 참고

코 갈라서 넣기

기호 아래가 닫혀 있습니다.
앞단의 1코를 갈라서 지정된 콧수만큼 1코에 넣어서 뜹니다.

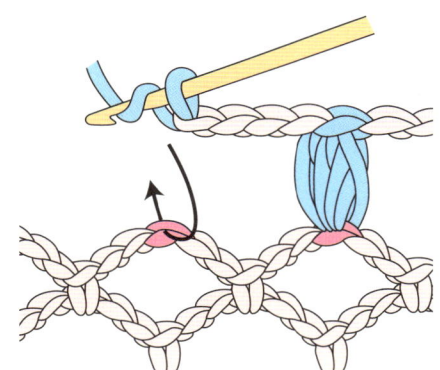

코아래에서 줍기

기호의 아래가 열려 있습니다.
앞단의 사슬코를 감싸듯이 주워서 정해진 콧수만큼 뜹니다.

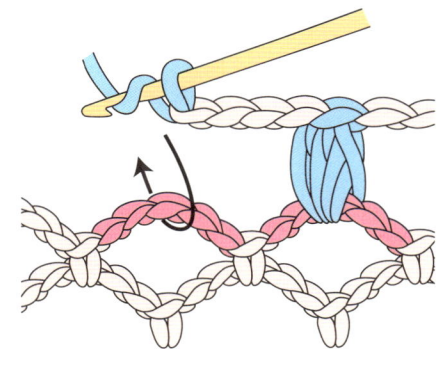

한길긴뜨기 3코 구슬뜨기

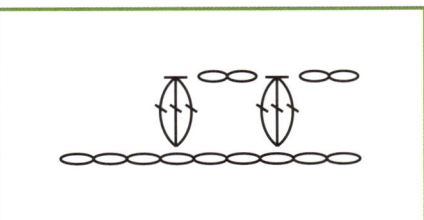

※  와 코 줍는 법의 차이는 P.149 참고.

※ '미완성'이란 앞으로 1번 더 실을 걸어서 빼내면 뜨개코가 완성되는 상태를 말합니다.

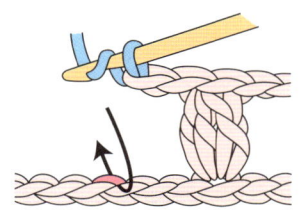

1 바늘에 실을 걸어서 화살표처럼 바늘을 넣고 실을 빼냅니다.

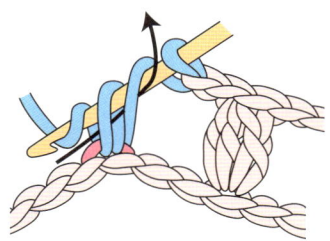

2 바늘에 실을 걸어서 화살표 방향으로 고리를 2개만 통과시켜 빼내 미완성 한길긴뜨기를 뜹니다.

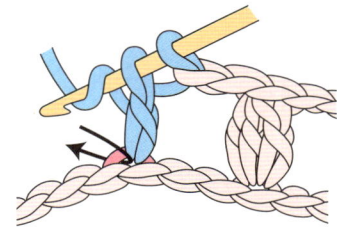

3 미완성 한길긴뜨기를 1코 뜬 모습입니다. 이어서 실을 걸고 바늘을 넣어서 미완성 한길긴뜨기를 1코 더 뜹니다.

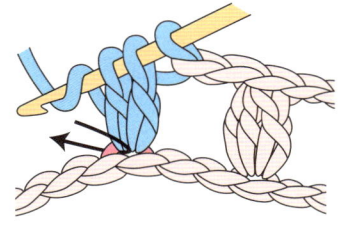

4 미완성 한길긴뜨기를 2코 뜬 모습입니다. 마찬가지로 같은 코에 미완성 한길긴뜨기를 1코 더 뜹니다.

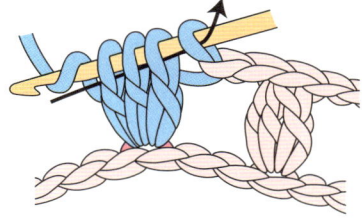

5 미완성 한길긴뜨기를 3코 뜬 모습입니다. 바늘에 실을 걸어서 화살표 방향으로 한 번에 빼냅니다.

6 한길긴뜨기 3코 구슬뜨기가 완성되었습니다.

긴뜨기 3코 변형 구슬뜨기

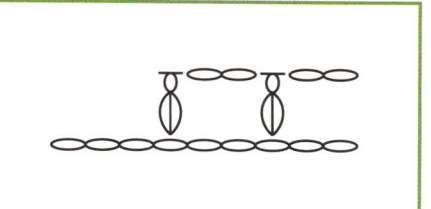

※ 와 코 줍는 법의 차이는 P.149 참고.

※ '미완성'이란 앞으로 1번 더 실을 걸어서 빼내면 뜨개코가 완성되는 상태를 말합니다.

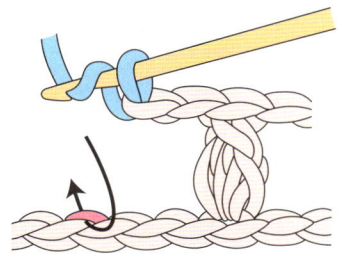

1 바늘에 실을 걸고 화살표처럼 바늘을 넣어서 실을 빼냅니다(빼낸 실은 조금 여유를 둡니다).

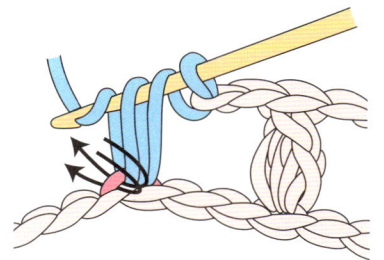

2 미완성 긴뜨기를 1코 뜬 모습입니다. 이어서 바늘에 실을 걸고 1과 같은 코에 바늘을 넣어서 연속으로 2번 실을 빼냅니다.

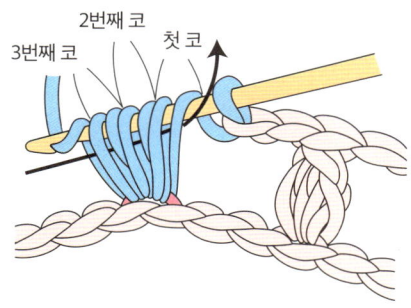

3 미완성 긴뜨기를 3코 뜬 모습입니다. 바늘에 실을 걸어서 화살표 방향으로 긴뜨기 코만 통과시켜 빼냅니다.

4 바늘에 실을 걸어서 화살표처럼 나머지 고리 2개를 통과시켜 빼냅니다.

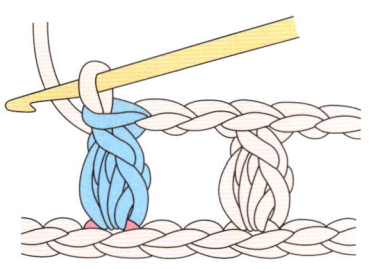

5 긴뜨기 3코 변형 구슬뜨기를 완성했습니다.

한길긴뜨기 5코 팝콘뜨기

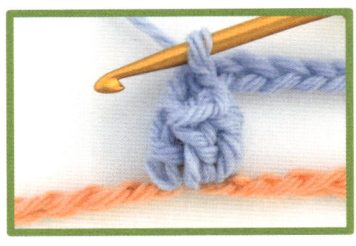
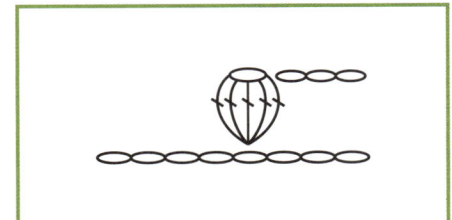
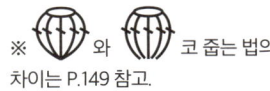
※ 와 코 줍는 법의 차이는 P.149 참고.

1 앞단의 같은 코에 한길긴뜨기를 5코 뜹니다.

2 코바늘에 걸려 있는 고리를 일단 빼서 쉬게 한 후, 한길긴뜨기 첫 코의 코머리 2가닥에 바늘을 넣습니다. 계속해서 화살표처럼 쉬게 둔 고리에 다시 바늘을 넣습니다.

3 바늘에 걸려 있는 고리를 화살표 방향으로 빼냅니다.

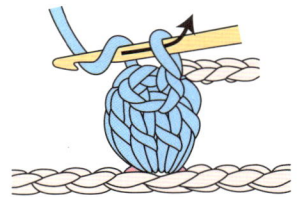
4 바늘에 실을 걸어서 화살표 방향으로 빼낸 다음 단단히 조입니다.

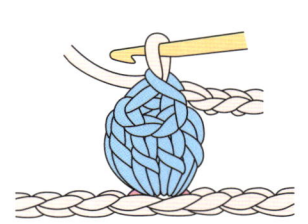
5 한길긴뜨기 5코 팝콘뜨기가 완성되었습니다.

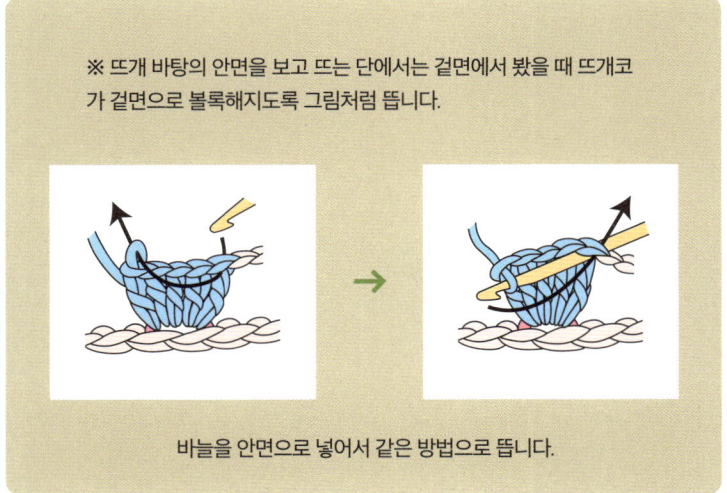
※ 뜨개 바탕의 안면을 보고 뜨는 단에서는 겉면에서 봤을 때 뜨개코가 겉면으로 볼록해지도록 그림처럼 뜹니다.

바늘을 안면으로 넣어서 같은 방법으로 뜹니다.

 짧은뜨기 링뜨기

겉면

안면

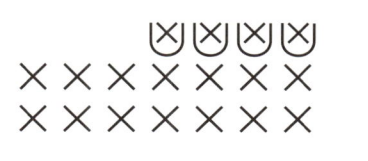

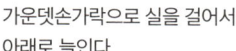
가운뎃손가락으로 실을 걸어서 아래로 늘인다

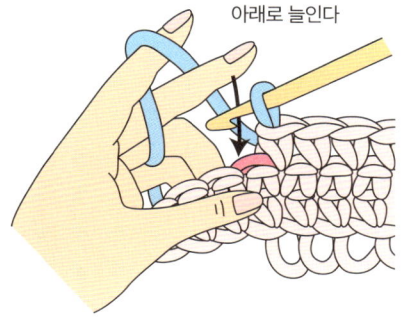

1 왼손 가운뎃손가락에 실을 걸어서 링의 길이만큼 실을 늘어뜨려서 누르고 있습니다.

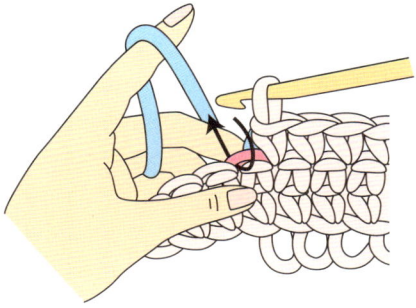

2 화살표처럼 바늘을 넣어서 링이 되는 실을 누른 채로 짧은뜨기를 합니다.

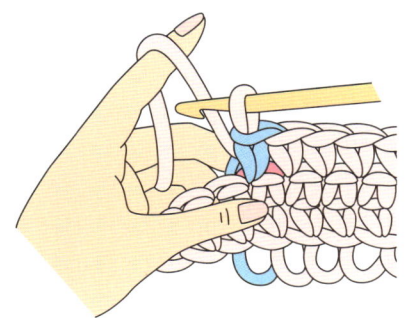

3 짧은뜨기를 하면 링에서 가운뎃손가락을 뗍니다. 링은 뜨개 바탕의 뒤쪽에 생깁니다.

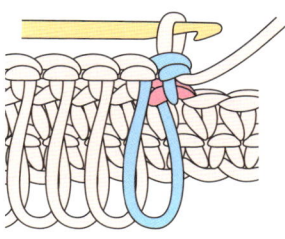

4 링이 생기는 면을 뜨개 바탕의 겉면으로 합니다.

 짧은뜨기 앞걸어뜨기

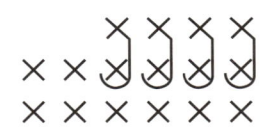

※ 뜨개 바탕의 안면을 보고 뜨는 단은 겉면에서 볼 때 가 되도록 (짧은뜨기 뒤걸어뜨기, P.155 참고)를 뜹니다.
➡ P.160 '걸어뜨기할 때 포인트' 참고

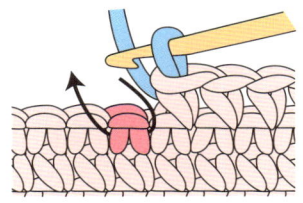

1 화살표처럼 앞단의 코다리를 감싸듯이 뜨개 바탕의 앞쪽에서 바늘을 넣습니다.

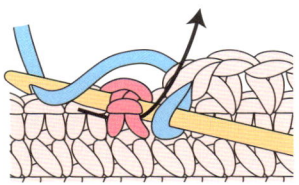

2 바늘에 실을 걸어서 화살표 방향으로 빼냅니다.

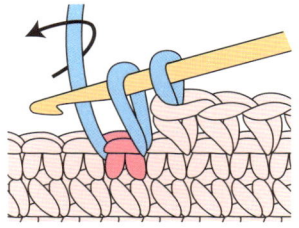

3 실을 빼낸 모습입니다. 화살표처럼 바늘에 실을 겁니다.

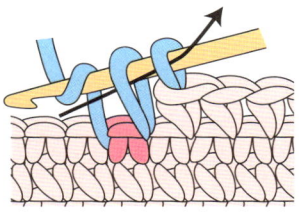

4 화살표 방향으로 한 번에 빼냅니다.

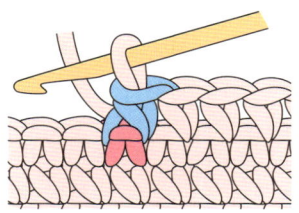

5 짧은뜨기 앞걸어뜨기가 완성되었습니다.

 ## 짧은뜨기 뒤걸어뜨기

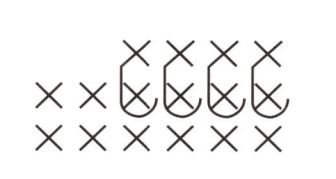

※ 뜨개 바탕의 안면을 보면서 뜨는 단은 겉면에서 볼 때 ℃가 되도록 ℧(짧은뜨기 앞걸어뜨기, P.154 참고)를 뜹니다.
➡ P.160 '걸어뜨기할 때 포인트' 참고

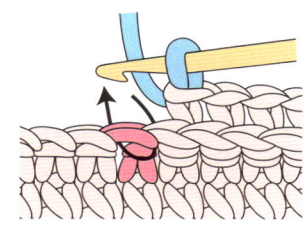

1 화살표처럼 앞단의 코다리를 감싸듯이 뜨개 바탕 뒤쪽에서 바늘을 넣습니다.

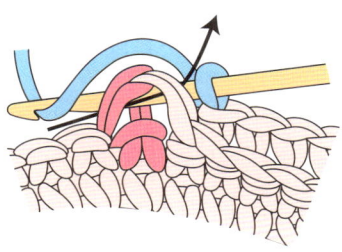

2 바늘에 실을 걸어서 화살표 방향으로 빼냅니다.

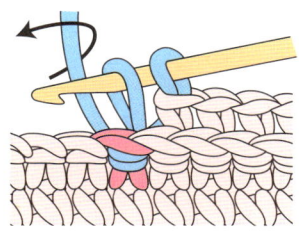

3 실을 빼낸 모습입니다. 화살표처럼 바늘에 실을 겁니다.

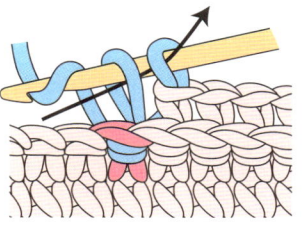

4 화살표 방향으로 한 번에 빼냅니다.

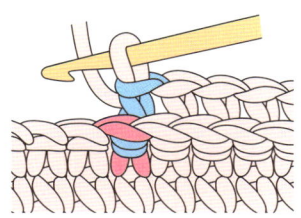

5 짧은뜨기 뒤걸어뜨기가 완성되었습니다.

긴뜨기 앞걸어뜨기

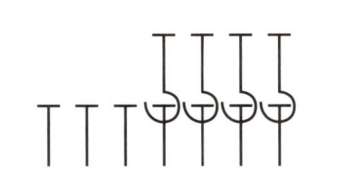

※ 뜨개 바탕의 안면을 보면서 뜨는 단은 겉면에서 볼 때 가 되도록 (긴뜨기 뒤걸어뜨기, P.157 참고)를 뜹니다.
➡ P.160 '걸어뜨기할 때 포인트' 참고

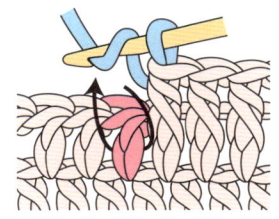

1 바늘에 실을 걸어서 화살표처럼 앞단의 코다리를 감싸듯이 뜨개 바탕 앞쪽에서 바늘을 넣습니다.

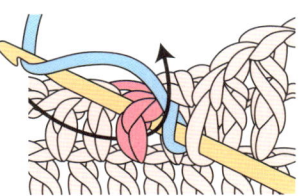

2 바늘에 실을 걸어서 화살표 방향으로 빼냅니다.

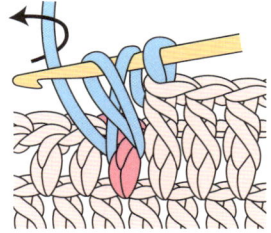

3 실을 빼낸 모습입니다. 화살표처럼 바늘에 실을 겁니다.

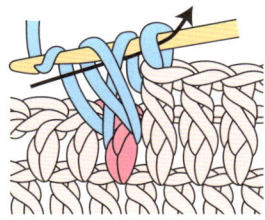

4 화살표 방향으로 한 번에 빼냅니다.

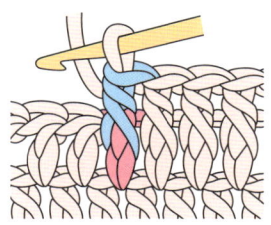

5 긴뜨기 앞걸어뜨기가 완성되었습니다.

긴뜨기 뒤걸어뜨기

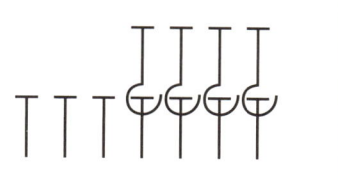

※ 뜨개 바탕의 안면을 보면서 뜨는 단은 겉면에서 볼 때 ⌐ 가 되도록 ⌐ (긴뜨기 앞걸어뜨기, P.156 참고)를 뜹니다.
➡ P.160 '걸어뜨기할 때 포인트' 참고

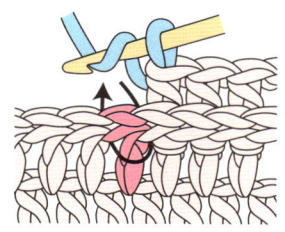

1 바늘에 실을 걸어서 화살표처럼 앞단의 코다리를 감싸듯이 뜨개 바탕 뒤쪽에서 바늘을 넣습니다.

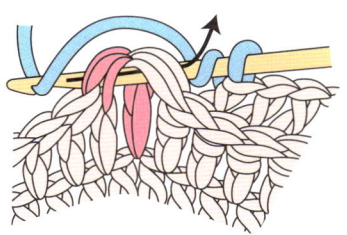

2 바늘에 실을 걸어서 화살표 방향으로 빼냅니다.

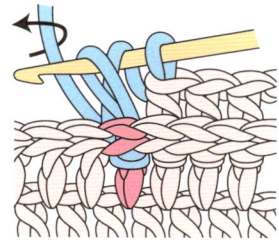

3 실을 빼낸 모습입니다. 화살표처럼 바늘에 실을 겁니다.

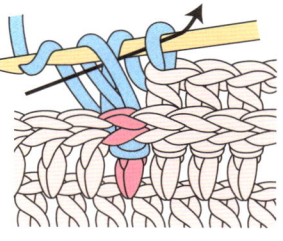

4 화살표 방향으로 한 번에 빼냅니다.

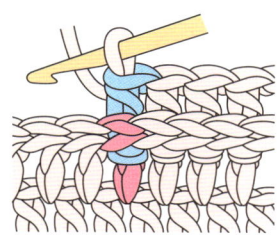

5 긴뜨기 뒤걸어뜨기가 완성되었습니다.

 한길긴뜨기 앞걸어뜨기

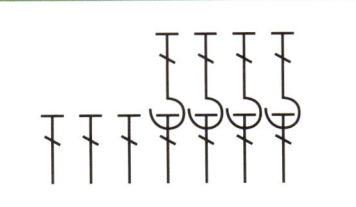

※ 뜨개 바탕의 안면을 보면서 뜨는 단은 겉면에서 볼 때 가 되도록 (한길긴뜨기 뒤걸어뜨기, P.159 참고) 를 뜹니다.
➡ P.160 '걸어뜨기할 때 포인트' 참고

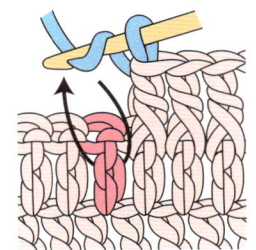

1 바늘에 실을 걸어서 화살표처럼 앞단의 코다리를 감싸듯이 뜨개 바탕 앞쪽에서 바늘을 넣습니다.

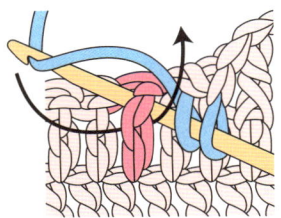

2 바늘에 실을 걸어서 화살표 방향으로 빼냅니다.

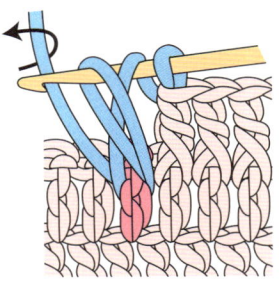

3 실을 빼낸 모습입니다. 화살표처럼 바늘에 실을 겁니다.

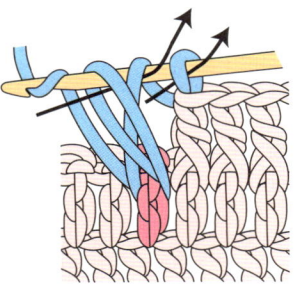

4 화살표 방향으로 고리를 2개씩 통과시켜 빼냅니다.

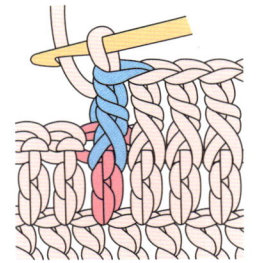

5 한길긴뜨기 앞걸어뜨기가 완성되었습니다.

한길긴뜨기 뒤걸어뜨기

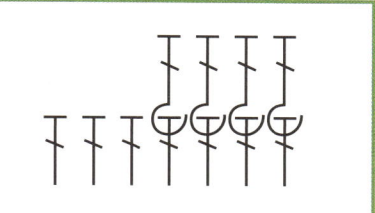

※ 뜨개 바탕의 안면을 보면서 뜨는 단은 겉면에서 볼 때 ㅜ가 되도록 (한길긴뜨기 앞걸어뜨기, P.158 참고)를 뜹니다.
➡ P.160 '걸어뜨기할 때 포인트' 참고

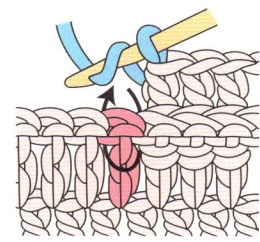

1 바늘에 실을 걸어서 화살표처럼 앞단의 코다리를 감싸듯이 뜨개 바탕 뒤쪽에서 바늘을 넣습니다.

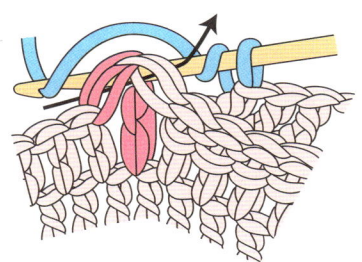

2 바늘에 실을 걸어서 화살표 방향으로 빼냅니다.

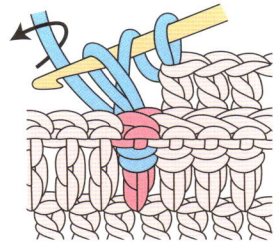

3 실을 빼낸 모습입니다. 화살표처럼 바늘에 실을 겁니다.

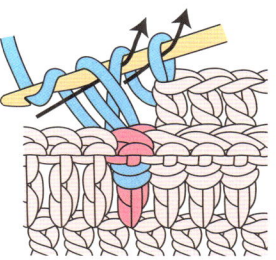

4 화살표 방향으로 고리를 2개씩 통과시켜 빼냅니다.

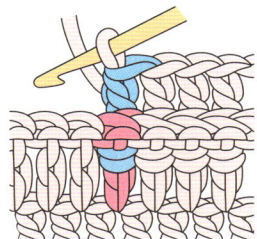

5 한길긴뜨기 뒤걸어뜨기가 완성되었습니다.

걸어뜨기할 때 포인트

왕복뜨기에서 '걸어뜨기'를 하는 테크닉

뜨개 도안의 기호는 뜨개 바탕을 겉에서 본 상태를 나타냅니다. 늘 겉을 보면서 뜨는 원형뜨기는 각 단을 뜨개 도안의 기호대로 뜨면 되지만, 겉과 안을 번갈아 보면서 뜨는 왕복뜨기는 안을 보면서 뜨는 단에서 실제 기호와 반대의 뜨개법으로 뜹니다.

('앞걸어뜨기'는 '뒤걸어뜨기'로 '뒤걸어뜨기'는 '앞걸어뜨기'로 뜹니다.)

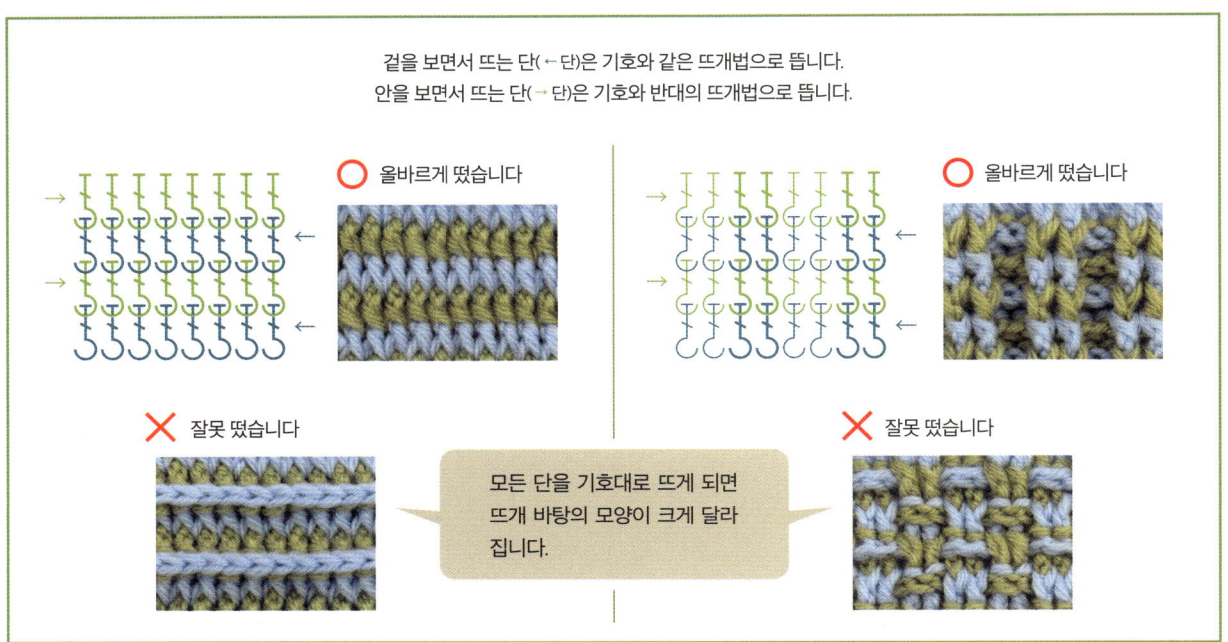

앞앞단에서 코를 주워서 '걸어뜨기'를 하는 경우

앞단을 건너뛰고 앞앞단의 코다리에 바늘을 넣어서 실을 길게 늘여서 뜹니다.

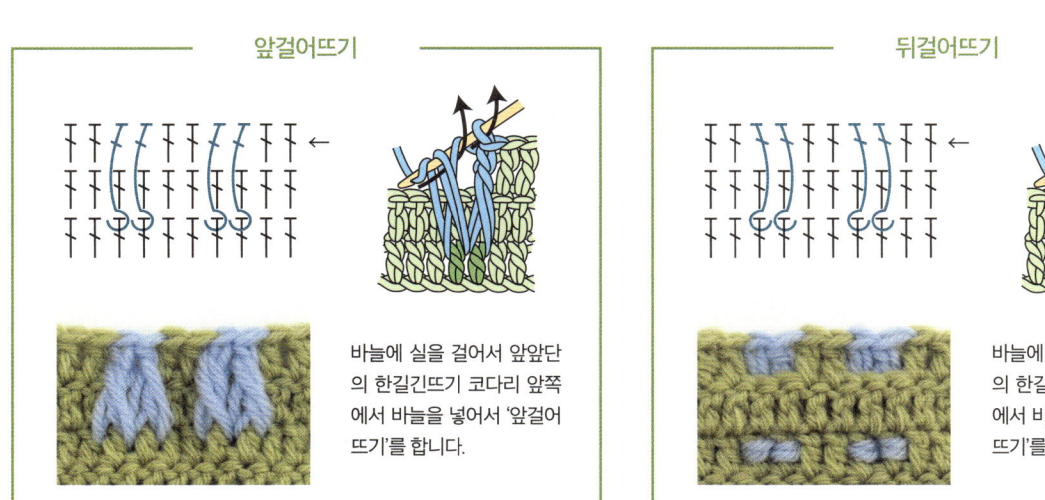